国家自然科学基金青年项目"农村儿童人力资本提升的微观机制：基于小组同群效应的田野实验研究"（项目批准号：72103050）

农村儿童

人力资本提升的微观机制：

基于随机干预田野实验的研究

肖艾平◎著

NONGCUN ERTONG
RENLI ZIBEN TISHENG DE WEIGUAN JIZHI:
JIYU SUIJI GANYU TIANYE SHIYAN DE YANJIU

中国财经出版传媒集团

经济科学出版社
Economic Science Press

北京

图书在版编目（CIP）数据

农村儿童人力资本提升的微观机制：基于随机干预
田野实验的研究／肖艾平著． -- 北京：经济科学出版
社，2023.11

ISBN 978 - 7 - 5218 - 5329 - 2

Ⅰ.①农… Ⅱ.①肖… Ⅲ.①农村 - 儿童 - 人力资本
- 研究 - 中国 Ⅳ.①D669.5

中国国家版本馆 CIP 数据核字（2023）第 205413 号

责任编辑：汪武静
责任校对：刘　昕
责任印制：邱　天

农村儿童人力资本提升的微观机制：基于随机干预田野实验的研究
肖艾平　著
经济科学出版社出版、发行　新华书店经销
社址：北京市海淀区阜成路甲 28 号　邮编：100142
总编部电话：010 - 88191217　发行部电话：010 - 88191522
网址：www. esp. com. cn
电子邮箱：esp@ esp. com. cn
天猫网店：经济科学出版社旗舰店
网址：http：//jjkxcbs. tmall. com
固安华明印业有限公司印装
710×1000　16 开　13.25 印张　210000 字
2023 年 11 月第 1 版　2023 年 11 月第 1 次印刷
ISBN 978 - 7 - 5218 - 5329 - 2　定价：68.00 元
（图书出现印装问题，本社负责调换。电话：010 - 88191545）
（版权所有　侵权必究　打击盗版　举报热线：010 - 88191661
QQ：2242791300　营销中心电话：010 - 88191537
电子邮箱：dbts@ esp. com. cn）

前　言

　　农村儿童人力资本积累和发展的状况，既关系到儿童未来的教育、职业发展与劳动力市场的回报，也关系到农村基础教育阶段的质量和水平。因而，全面提升农村基础教育阶段的质量，提高农村儿童人力资本水平，既是摆在研究者面前的一道难题，又是我国实现城乡教育公平，迈入教育强国的必要途径。然而，随着工业化和城镇化进程的推进，我国城市学生的基础教育水平和教育质量得到了较大的改善，但部分农村地区基础教育发展相对落后，其教育产出效率与城市相比，还有着较大的差距。世界银行《2018年世界发展报告：学习以实现教育的承诺》指出：全球教育系统正面临"学习危机"，学校教育在培养未来劳动者的核心能力方面存在问题。报告同时指出"学习危机"给中低收入国家带来较高的辍学率，最终会因"学习危机"转化为劳动力市场的"技能危机"，进而进一步加大社会之间的差距。

　　我国城乡教育差距还在扩大，农村义务教育阶段学生辍学率呈上升趋势。国家教育统计数据表明，2006年中国农村地区普通高中的入学率仅为9%，远远低于县镇的63%和城市的80%。[①] 2007年中国农村地区只有不到一半的初中毕业生进入高中，而城镇地区90%左右的初中毕业生能够进入高中。[②] 2009年开始农村初中阶段每年的辍学率高达7%左右[③]，教育的城乡差距也开始扩大。然而，始于21世纪的农村中小学生辍学原因与以往

　　① 2007年国务院发布的文件《国务院关于建立健全普通本科高校高等职业学校和中等职业学校家庭经济困难学生资助政策体系的意见》。
　　② 教育部发布的文件《2007年全国教育事业发展统计公报》。
　　③ 教育部发布的文件《2009年全国教育事业发展统计公报》。

"因贫辍学"不同，更多学生是"自愿性辍学"。而在关于农村初中生辍学的原因调研中，排在首位的是因为学业成绩不佳，达不到高中录取线，在教育分流政策下不愿意进入中职而选择放弃学业。新时代的农村孩子认同"读书有用"但仍然选择辍学，从个体角度上看是因为受教育过程中产生学业失败者的自我认同感，在学业上过低的自我认同感使农村地区的孩子更容易失去学习的自信，因而无法继续求学深造。不容乐观的是，农村地区父母对子女家庭教育投入也相对不足。伴随着城镇化的推进，许多农村劳动力人口逐渐向城镇转移。而囿于城市高额的房价、户籍等因素，许多农村儿童的父母无法将学龄孩子带在身边，只能留在家乡由隔代老人或其他亲人代为照管。父母在儿童学习成长中的长期缺位，使得同伴对儿童人力资本的影响显得更加重要。

鉴于此，本书结合社会网络和同伴效应理论，从新人力资本理论（new human capital theory）的视角，在中国部分农村小学进行班级随机排座和随机分组的田野实验，并跟踪学生后续的学业表现和非认知能力状况，探讨了班级网络中心结构、网络非对称结构、随机学习小组这三种班级的网络构成中，同伴效应对学生认知和非认知能力的影响，并分析提出提高农村儿童人力资本水平的有效方案。首先，对班级学生进行随机排座实验后，跟踪调查了学生班级网络状况，从网络中心性6个方面的指标，分析处于班级网络中心地位的学生与其他学生之间的物理距离，对学生的学业成绩和非认知能力的影响。其次，采用空间自回归模型，定量估计了班级学生随机排座后，学生座位周边分别是高学业群体与周边是低学业群体的非对称同伴效应。然后，通过对学生进行随机分班、分组及排座的方法，构造学习小组的"自然实验"属性，剥离出学习小组对学生学习成绩的净效应，并采用双重差分模型（difference-in-difference model）进行估计，对比了实验组与对照组学生成绩和非认知能力的差异，并对学习小组在不同性别、年级、成绩、班干部等方面的影响进行了异质性分析。最后，总结以上的分析结论，提出政策建议。

当然，由于研究主题的特殊性以及实验数据的局限性，本书还有许多问题值得进一步研究。例如，在班级网络中，学生对中心性学生的评选标准是什么，处于网络中心位置是否有助于学生本人的认知和非认知能力的提高。在既定的班级同伴网络中，如何对学生进行座位的分配与重组，使同伴之间充分发挥正向的溢出效应，进而使整体学业成绩达到最优。另外，随机学习小组、按成绩搭配的学习小组和按朋友关系组成的小组，哪种方式对学生人力资本提升的效果最优等。这些问题都是十分有趣并值得探讨的课题。后续我也将沿着这些方向继续深入拓展下去，以更加热忱的激情投入农村教育经济与管理领域的研究。具体来说，在中国农村小学开展排座的随机干预田野实验研究，从班级同伴效应的视角，探讨班级同伴对学生认知和非认知能力影响的微观机制，并提出提高农村儿童人力资本水平的有效方案，以期为我国农村义务教育阶段学校教育质量的提高做出边际贡献！

肖艾平

2023 年 7 月

目录
CONTENTS

第 1 章

绪　论

1.1 研究背景和问题的提出

　　自 1978 年改革开放以来，我国经济历经了多年的高速增长，2010 年，一跃成为全球第二大经济体。[①] 2020 年，在复杂的国内外形势特别是全球新冠疫情大暴发下，我国人均国内生产总值依然超过 1 万美元，稳居中高收入国家行列。[②] 然而不容忽视的是，近些年，我国经济总量保持增长，而增速却在逐渐放缓，经济结构供需失衡，进入"新常态"，面临陷入中等收入国家陷阱的风险（Kharas and Kohli，2011）。那么，如何面对经济发展新常态的局面，避免进入中等收入国家陷阱，使经济得到持续长足的发展？对这个问题的回答，众多经济学家从生产要素的视角，通过大量数据分析和调查研究，发现人力资本是经济增长的主要源泉（Schulz，1993；

---

　　① 人民网发布的《2010 年中国 GDP 超过日本成为世界第二大经济体》。

　　② 1989 年以来，世界银行基于人均国民总收入将全球所有经济体分为四组，每年更新一次划分标准。按 2020 年最新标准：低收入国家（人均国民总收入低于 1036 美元）、中低收入国家（人均国民总收入 1036～4045 美元）、中高收入国家（人均国民总收入 4046～12535 美元）、高收入国家（人均国民总收入 12536 美元以上）。

Lucas，1995；Heckman et al.，2006）。诺贝尔经济学奖获得者卢卡斯研究认为，人力资本的积累除了通过"干中学"或者在职培训，也可以通过学校的正规教育。对儿童和青少年来说，接受学校教育被认为是人力资本积累最有效率的途径之一。

然而，学校教育在培养儿童未来人力资本能力上是否高质有效却引起争论，特别是 2017 年世界银行发布的《2018 年世界发展报告：学习以实现教育的承诺》一文中，第一次把学校教育问题作为核心主题进行探讨。该报告提出目前全球教育系统正面临"学习危机"，学校教育在培养学生未来劳动力市场所需要的核心能力方面还存在问题，强调教育投入并不等于教育结果，上学和学到知识是两码事。同时，更为严峻的事实是，该报告指出全球因"学习危机"所产生的社会差距正在扩大，中低收入国家学校的基础教育效果与中高收入国家相比，差距在逐步拉大。如在中低收入国家，学生平均认知能力排名前 25% 的学生，还不及中高收入国家排名末尾 25% 的学生。而这种在基础教育阶段因"学习危机"所产生的弱势地位，将会继续扩展到儿童成年后的劳动力市场中，进而转化为"技能危机"。相比基础教育阶段的"学习危机"，劳动力市场中的"技能危机"对一国经济和人力资本积累的影响更大，因为成年人再学习的效率更低，学习的机会成本往往较高。此外，"学习危机"给中低收入国家带来较高的辍学率，世界银行团队在《2018 年世界发展报告》指出全球平均每 100 位小学新生中能够顺利完成高中学业而毕业的仅有 35 位，中国也仅有 47 位小学新生将高中毕业，而高中毕业与否与个人未来收入、职业、技能等指标息息相关（World Bank，2017）。

面对经济进入"新常态"和"学习危机""技能危机"的多重局面，我国政府对提高劳动者教育水平，尤其是提高学校教育质量给予了足够重视。如 2012 年，国务院发展研究中心与世界银行联合指出，发展中国家成功跨越"中等收入陷阱"的重要基础是提高劳动力教育水平，保证绝大多数劳动者接受高中阶段教育。2015 年 11 月，党的十八届五中全会公报首次指出"普及高中阶段教育"；"十三五"规划中，明确提出了"各省高中阶段教育毛入学率达到 90% 以上"，同时还将高中阶段教育普及攻坚计划列为国家教育现代化重大工程之一。为加快推进全面普及高中阶段教育的步伐，2017 年，教育部等四部门联合公布了《高中阶段教育普及攻坚计划（2017 – 2020 年）》[①]。2019 年 2 月，党中央和国务院分别颁布了《中国教育现代化 2035》和《加快推进教育现代化实施方案（2018 – 2022 年）》。至此，我国开启了教育现代化的新征程。

教育现代化政策目标的实现，本质上是指对凝结在人身上的人力资本的现代化，是对人力资本的投资和全面提升。普及高中阶段教育固然非常重要，但作为基础教育的小学阶段，学生的人力资本积累状况直接决定了未来升学、完成学业的信心和能力等。越来越多的理论与实证也表明，相比其他年龄群体，由于儿童的能力具有很强的可塑性，因此，对儿童进行早期的人力资本投资要比晚期的干预重要得多（Cunha and Heckman，2007；Heckman，2005；Heckman and Mosso，2014）。对农村基础教育阶段的儿童而言，其人力资本积累主要是通过接受学校教育完成的，小学教育作为农村儿童人力资本积累的主要途径，对儿童个人成长的重要性不言而喻。大量跨学科研究也表明，儿童早期的人力资本积累水平，甚至影响到成年后的教育、职业发展及劳动力市场的回报（Heckman，2008；Magnuson and Duncan，2016；Del Boca et al.，2016；Glewwe et al.，2017）。因此，要提高农村儿童的人力资本水平，首先需要提高的是农村基础教育阶段的质量和水平，提高农村儿童的教育投资回报率。然而，随着工业化进程和城镇化的大力推进，我国城市学生的基础教育水平与教育质量得到较大的改善，而部分农村地区基础教育发展相对滞后，其教育产出效率与城市相比，还有着较大的差距（李春玲，2014；王树涛和毛亚庆，2018）。那么，如何全面提升农村基础教育阶段的质量，提高农村儿童人力资本水平，既是摆在相关政府部门与研究者们面前的一道难题，又是保证我国实现城乡教育公平，迈入教育强国的必要途径。

学术界对儿童的教育回报率大于其他年龄段已达成共识，儿童在成长过程中积累到的人力资本实质上也是教育结果在能力上的体现。对于能力

[①] 2017 年 3 月，经国务院同意，教育部、国家发展改革委、财政部、人力资源和社会保障部联合印发。该计划要求到 2020 年高中阶段教育毛入学率达到 90%，其中要重点解决贫困地区教育资源不足和职业教育招生比例持续下降等问题。

的定义，传统人力资本理论认为能力是天生不可改变的，人力资本的核心是教育和健康（Becker，1964；Spence，1974）。人力资本的积累用能力来衡量，劳动力在市场上的能力一直是一个"黑盒子"。近些年，随着心理认知科学的大力发展及微观数据的丰富细化，对个人能力的精确测量逐渐成为可能。在舒尔茨（Schulz，1961）提出人力资本主要由人的教育程度、知识技能和健康状况等要素综合构成后，劳动经济学关于人力资本的最新研究重新对人力资本进行了定义。库尼亚和赫克曼（Cunha and Heckman，2007）等在前期文献的基础上，提出以个人能力为主体的新人力资本发展理论，将教育维度的人力资本从传统的健康和教育程度拓展到更本质的能力层面，采用认知能力和非认知能力作为人力资本的代理，并从认知能力和非认知的角度分析人力资本动态生产过程及对个人长远发展的影响。关于教育产出质量即人力资本积累效率问题的研究，目前学术界大多数学者都是采用学生在校成绩来衡量的。[1] 对农村基础教育阶段的学生而言，学习成绩在很大程度上反映了学生所积累的文化知识、阅读能力、逻辑思维能力和表达能力等，这种因学习成绩所综合表现出的人力资本的状况直接关系到学生以后学业的长远发展，甚至对减少农村儿童辍学率，维护社会稳定和经济可持续发展都有重要作用。因此，探索什么因素影响成绩甚至提高成绩对人力资本的积累有着重要的意义。

关于对影响学习成绩因素的探讨，早期文献多关注教育质量的作用（Coleman，1968；Hanushek，1997；Rivkin et al.，2005），布卢姆（Bloom，1976）对教育生产函数进一步完善后，大量学者开始关注同伴效应对教育产出的影响[2]。如科尔曼等（Coleman et al.，1996）通过实证分析发现，相比学校投入，影响学生成绩最主要的因素是家庭背景，其次是同伴效

---

[1] 自1966年，美国学者科尔曼等（Coleman et al.）提出《科尔曼报告》强调同伴效应的作用，后续大多数研究教育生产函数的文献，都将学生成绩作为教育过程中的产出变量。一方面是因为未来教育收益难以测量，另一方面是因为数据分析中成绩数据能直接观测，产出效果直接。另外，很多学者也证明了学生在校期间的学习成绩与未来劳动力市场的收益有显著相关性（Hanushek，2006；都阳和王美艳，2002）。

[2] 教育生产函数由鲍尔斯（Bowles，1970）提出，布拉姆（Bloom，1976）对其进行了扩展，认为教育生产函数可表示为：个体的教育成就（Achievement）＝能力（ability）＋态度（attitude）＋努力程度（effort）＋学校教育质量（quality of instruction）。

应。然而，对农村家庭而言，由于许多农村儿童的父母外出务工，无法将学龄孩子带在身边，只能留在家乡由隔代老人或其他亲人代为照管，使得父母在儿童学习成长中长期缺位（段成荣等，2014；范先佐和郭清扬，2015；李代和张春泥，2016）；而同班级同学由于绝大部分时间在一起学习生活，因此同伴之间的影响更不容忽视。同时，由于农村基础教育阶段的学生年龄偏小，正是各种观点形成期，同伴在儿童的成长过程中起着至关重要的作用（Ryan，2001；Chetty et al.，2011）。大量研究表明，同伴的社会经济地位（Vandenberghe，2007），同伴组成的多样性（Angrist and lang，2004；Hermansen and Birkelund，2015），以及班级男女生性别比（Hoxby，2000；Lavy and Schlosser，2011）等，都会对同伴的学习结果产生影响。此外，同伴对学生成绩的影响效应广泛存在于宿舍、班级、年级以及学校（Hoxby，2000；Hanushek et al.，2003；Ding and Lehrer，2007），部分经济学文献在学校或班级层面定量估计了同伴群体对学生学习结果的影响（Duflo et al.，2011；Carman and Zhang，2012；Hong and Lee，2017）。

对农村儿童而言，其日常交往的同伴通常集中在一个班级里，班级里同学之间的交流广泛而深入，形成了密切交往的网络，这对学生的学习成长影响较大（Carrell et al.，2013；Lu and Anderson，2015）。同伴关系被视为学生个体的社会网络，是影响教育产出质量的关键因素（Arnott and Rowse，1987）。班级内同伴群体之间的交流互动往往在更小的范围内更加频繁，新近研究开始关注班级内部微观范围的同伴效应（Lu and Anderson，2015；王春超和钟锦鹏，2018；Li et al.，2019）。然而，对于学生在班级内形成的社会网络结构及其同伴影响的作用机制目前仍然是一个"黑箱"，缺乏理论和实证研究。基于此，本书结合社会网络中同伴效应理论，从新型人力资本的视角，研究在互动更频繁的小群体中的同伴，处于班级网络中心地位的同伴对其他学生人力资本的影响，并分析了网络结构变化后学生人力资本的变化及其影响机制。具体来看，本书要回答如下问题。

第一，班级网络高中心性学生的特点以及对其他学生学习成绩和非认知能力的影响。尽管农村儿童教育在以往的研究中受到了普遍关注，但其中却鲜有涉及教育中的同伴效应，尤其从社会网络的视角，分析班级网络中的同伴效应对儿童人力资本的影响。由于在班级网络中往往存在重要的节点学生以及与节点之间的联结，那么，哪些同学是班级网络中处于中心地位的节点？这些重要节点的同学对其他同学有什么影响？分析重要节点与普通节点之间的关系有助于理解班级社会网络中同伴的构成和作用。本书基于班级学生提名与自己最好关系的 5 名男生与 5 名女生，构造出班级的友谊网络，然后识别出网络中处于高中心性（centrality）地位的学生，并分析对与其座位距离不同的同伴学习成绩的影响。

第二，班级学生座位周边是能力较强的同伴与能力较弱的同伴的非对称同伴效应及基于空间总效应最大的座位分配方案。由于网络固有的内生性问题，在一个同伴群体中，个体在群体中的影响是相互的，处于网络核心位置的个人，其信息传播能力更强，传播效果更好（Banerjee et al.，2013），对其他人的影响更大。但我们也不能忽视网络中非中心地位的学生，可能这部分学生的数量更多，他们在同一个班级中，其自身的学习成绩对其他学生的人力资本积累又有何影响呢？在双向影响中，哪种影响更大？由于在班级网络中，学生之间的座位也构成了物理的网络，基于这种物理网络距离，每个人在网络中的位置不同，而与网络中不同学生的距离远近，是否有助于学生成绩的提升呢？当网络内部随机形成更小的同伴群体后，这又会对学生成绩和非认知能力有什么影响呢？在学生特征一定的情况下，如何分配座位才能使总体效应最大？基于此，本书采用空间自回归模型，分析学生在随机排座后，学生座位周边是成绩较好的群体与低学业群体的非对称同伴效应，并模拟分析最优座位安排，为教育工作者和班主任提供理论与实证依据。

第三，班级随机学习小组网络对学生学习成绩和非认知能力的影响及学习小组最优构成方案。进一步，班级社会网络常常由于教师不同的教学组织形式使网络结构发生动态的变化，那么，在班级随机组成学习小组后，学习小组对学生认知能力和非认知能力的提高是否有帮助？如果有帮助，如何组建学习小组更合理？同质小组与异质小组，哪个更合适？学习小组内部，学生的座位分配是否改变了学生的人力资本状况？哪些特征的学生更容易从学习小组中获益？以往文献对学习小组的教学形式实证研究相当缺乏，在大量农村学校的班级中，由于很多班级规模较大，因此采用学习小组的教学方式，是否能优化教育资源的配置，提高儿童教育投入产出效率？本书基于中国"新课程改革"所倡导的小组教学模式，从学习小组的微观视角，探讨班级随机形成学习小组后，分别考察有学习小组的实验班与无学习小组的控制班，学生在认知能力和非认知能力方面的差异，并分析引起这种差异的原因及学习小组内部的作用机制，以期从实证上回答上述问题。

1.2 研究的理论与现实意义

我国教育现代化目标的实现，根本在于农村教育现代化的实现。教育作为提高农村儿童人力资本的根本途径，也是阻断贫困代际传递的治本之策。在当前不断推进城镇化的浪潮中，农村劳动力将继续转移，"辍学儿童""留守儿童""流动儿童"等现象也将长期存在，如何提高农村儿童基础教育阶段的人力资本积累水平，在现有约束条件下能帮助他们建立学业自信，使其能健康幸福的成长，仍将是政府的重要工作和学术界研究的重要问题。根据儿童认知和心理的特点，从同伴效应的视角系统分析儿童人力资本提升的微观机制显得十分重要。

1.2.1 理论意义

首先，充实学术界对"教育生产函数"中教育投入要素与产出的研究。解释学生成绩之间的差异一直是教育经济学的难题，在"教育生产函数"中，除基因外，家庭背景和学校教育被认为是影响学生成绩的两个最主要的因素。然而，很多研究发现，在控制了教育质量、父母学历、收入等因素后仍然无法解释学生之间成绩的巨大差异。对学生成绩影响因素的探讨早期文献多关注教育质量的作用（Coleman，1968；Hanushek，2003；Rivkin et al.，2005），布卢姆（Bloom，1976）对教育生产函数进一步完善后，大量学者开始关注同伴效应对教育产出的影响。如科尔曼等（Coleman et al.，1996）通过实证分析发现，相比学校投入，影响学生成绩最主要的因素是家庭背景，其次是同伴效应。然而，对农村家庭而言，由于许多农村儿童的父母外出务工，无法给学龄孩子提供及时的指导和关爱，父母在儿童学习成长中长期缺位（段成荣等，2014；范先佐和郭清扬，2015；李代和张春泥，2016）；而同班级同学由于绝大部分时间在一起学习生活，因此同伴之间的影响更是不容忽视。同时，由于农村基础教育阶段的学生年龄偏小，正是各种观点形成期，同伴在儿童的成长过程中起着至关重要的作用（Ryan，2001；Chetty et al.，2011）。那么，同伴之间的互动如何影响学生的学习成绩，具体影响的微观机制是怎样的？本书的研究将充实该领域的研究结果。

其次，理解人力资本构成中认知能力和非认知能力的作用。传统人力资本理论认为能力是天生不可改变的，人力资本的核心是教育和健康（Becker，1964；Spence，1974）。库尼亚和赫克曼（Cunha and Heckman，2007）等在前期文献的基础上，提出以个人能力为主体的新人力资本发展理论，将认知能力和非认知能力作为人力资本的代理，目前大多数学者都采用学生成绩来衡量认知能力。现有许多文献也研究了认知能力对人力资本重要影响（Antman，2011，2012；McKenzie and Rapoport，2011；Zhang et al.，2014），而对非认知能力的衡量及影响的研究尚不充分。对于非认知能力与学习成绩内在的因果关系，仍是一个有待回答的问题。而这些都是现有儿童人力资本理论分析中较少涉及，但却是亟须回答的重要的理论问题。

最后，研究微观群体中的同群效应和同伴网络关系对认知能力和非认知能力的影响。大量研究表明，同伴的社会经济地位，同伴组成的多样性（Angrist and Lang，2004；Hermansen and Birkelund，2015），以及班级男女生性别比（Hoxby，2000；Lavy and Schlosser，2011）等，都会对同伴的学习结果产生影响。大部分农村儿童日常交往的同伴通常集中在一个班级内，班级里同学之间的交流广泛而深入，形成了密切交往的网络，这对学生的学习成长影响较大（Carrell et al.，2013；Lu and Anderson，2015）。同伴关系被视为学生个体的社会网络，是影响教育产出质量的关键因素（Lavy and Sand，2019）。那么，如果按儿童群集性特征，对学生进行随机排座与分级，这是否会改变学生之间的友谊关系？微观同伴的组成结构又是如何影响儿童的认知和非认知能力的？本书的研究充实了农村儿童"网络关系"和"同群效应"的研究。

1.2.2　现实意义

第一，设计一套可行的低成本同伴小组的激励方案，并对这一方案的效果进行评估，为农村基础教育教学工作者提供具体参考；提升班级学生管理效率，为相关部门和社会力量参与农村儿童关爱工作提供数据支持。本书基于家长问卷、学生问卷和学生学业表现等数据，对班级学生的个体特征、家庭情况、学习情况、朋友网络等进行跟踪，以全面掌握农村儿童的微观资料，使学校和班主任老师对学生的情况能全面了解，并有针对性地开展工作，提升班级管理效率，并为进一步的关爱工作提供支持。

第二，帮助提高农村儿童整体人力资本水平，提高学生学业自信，降低辍学率。当前农村基础教育质量有很大的改善，但与城市相比还有较大的差距，如在传统的985、211院校中新生入学中农村户籍的学生明显减少，农村儿童通过教育向上流动的趋势减弱。① 城乡教育发展的差距既是经济发展差距的直接结果，也是经济发展差距继续扩大的根本原因。农村儿童尤其是农村"留守儿童"由于家庭教育不足，导致他们人力资本水平较低，更容易放弃高中学业，也使其在未来劳动力市场处于劣势地位，加剧未来收入不平等和阶层的固化。本课题通过同伴之间的合作努力，以激发学生的学习兴趣，培养学生团队精神和责任感，和谐班级氛围，提高学生的心理健康水平，从而提升学生的整体人力资本水平。

第三，有助于促进我国基础教育的公平性，为教育经费的有效投入提供政策建议。2014年起，我国财政性教育经费支出已连续7年占国内生产总值4%以上。但是，单纯数字增长的背后是否意味着增长产生了相应的收益。同时，当前城乡教育不平等背景下，公共教育投入的增长是否让每位受教育者都公平地享受到了政策的红利？教育经费的增加所带来的益处

---

① 李春玲. 高等教育扩张与教育机会不平等——高校扩招的平等化效应考查［J］. 社会学研究，2010，25（3）：82－113，244.

是否惠及了农村儿童？他们是否仍然因处于教育体系的边缘而没有享受到这一成果；如何最有效地使用这些经费，最有效地帮助农村儿童？本书的研究结果将为回答并解决这些问题提供基本参考。

1.3　核心概念界定

1.3.1　社会网络

社会网络（social network）是社会行动者（social actor）及其间的关系集合，关注的是群体之间的互动与联系（Lin，2001；Scott，2013）。社会网络成员之间的关系有多种，如合作关系、贸易关系、亲属关系、朋友关系等，总的来说，可以归纳为：相似性（similarities）、社会关系（social relations）、相互作用（interactions）和流动性（flows）这四种关系类型（Borgatti et al.，2009）（见表1-1）。而大部分关于社会网络的研究均可看成是这四种关系类型的联系及相互影响。

表1-1　　　　　　　　社会网络分析中研究的关系类型

类型	构成	举例
相似性	位置	相同的时间和时空
	成员	相同的俱乐部、共同任务等
	属性	相同性别、种族、信仰、看法等
社会关系	亲属关系	父母子女、兄弟姐妹等
	其他角色	朋友、老板、学生、竞争对手等
	情感	喜欢、讨厌等
	认知	知道、了解、看到后感到快乐
相互作用	——	性行为、谈话、建议、帮助、伤害等
流动性	——	信息、信仰、人员、资源等

资料来源：博尔加蒂等（Borgatti et al.，2009）。

社会网络分析（social network analysis，SNA）通常是以网络中各种类型的关系为研究对象，并对个体、群体或组织中关系属性和结构进行规范分析的一种方法。因此，社会网络分析侧重于关系的研究，而不是行动者本身（林聚任，2009）。中心性是社会网络分析中判定网络节点重要性的指标，网络节点与节点之间的距离，便是社会网络距离。

本书中每个班级是一个互动频繁的社会网络，每个学生 i（班级内任意一名学生）是一个节点，通过 UCINET 软件可计算每个学生的中心性，即其在班级这个社会网络中的位置。一般而言，处于网络中心的学生对其他学生往往具有更大的影响力（Hahn et al. , 2015）。本书在分析社会网络距离时，采用社会网络中心性 6 种指标，分别分析班级中任意一个学生与高中心性学生之间的座位距离及其认知和非认知的关系。座位距离参考伯格等（Berg et al. , 2012）的做法，即任意两个学生之间的网络距离，以课桌椅和走道的数量来计算。

1.3.2 社会网络结构

根据社会网络理论，社会网络结构是指嵌入在网络中的各个节点之间进行交互联系的整体模式，主要是指个体、群体或组织中关系构成的结构和属性（刘军，2014）。从网络层次结构上看，社会网络中对网络的描述或测量有三个层次。第一层次是个体网分析，即通过描述与整个网络相关的每个节点的个体特征来描述网络。网络分析中最常用的基于节点特征来分析是个体中心性。一般来说，处于网络中心的节点能够连接更好的节点，中心性度量包括与其他节点的接近度、与网络连接度的相关性，以及中心节点对整个网络的影响等。第二层次是局部网分析，即通过个体网络中节点加上与节点有链接的邻近节点构成的子网来描述网络。在网络中，两个个体网络节点和链接数量相同的网络，也可能会因为链接分布的方式不同而有很大的不同。具体而言，每个个体网络节点和邻近节点及其相互关系可称为一个子网，它提供了该节点的局部社会环境或局部网络。因此，在本书班级网络中，每个随机形成的学习小组可以看成一个子网，每个学生组成的学习小组对学生认知和非认知的影响可以看成小组网络中的同伴效应，而这种效应可能会比非基于网络的同伴效应研究中发现的变化更大（Lin et al.，2001）。第三层次是整体网分析，即将网络中所有节点及其间的关系描述成一个整体。整体网的分析包括网络成员的构成、规模、密度、网络节点之间的距离等。

从网络结构指标上看，社会网络结构包括凝聚性和网络规模。凝聚性通常强调网络内部各节点之间的交流频率与程度，网络规模则强调网络外部联结的范围。对于社会网络结构的界定，社会学家认为主要有两种：一种认为社会网络结构表示个体在群体网络中的社会地位，如是否处于中心位置，是否掌握核心资源等；另一种认为社会网络结构表示个体在群体中的社会关系，因社会关系的不同而分成不同的网络。科尔曼（Coleman，1988）认为，闭合性的社会结构（closure of the social structure）对群体规范的形成更有利，成员在闭合网络结构中交流更密切，更容易建立信任感，群体的责任感也更强。

本书关于社会网络结构的定义，基本上涵盖了上述观点。本书的社会网络是以每个班级为单位，在特定的网络规模下，由学生所报告的关系而形成的不同网络结构，或者改变教学方式后缩小的网络规模结构变化后，不同网络结构中形成的同伴效应对学生认知和非认知的影响。首先，本书分析了班级网络处于中心地位的学生对其他学生认知和非认知能力的影响。其次，本书比较了学生座位周边是成绩较好的群体与低学业群体的非对称同伴效应。最后，也分析了随机学习小组的网络结构对学生认知和非认知能力的影响。

1.3.3 教育中的同伴效应

教育在现有文献中，对"同伴"的理解并没有达成共识。同伴可能是指朋友、室友、同学、同事、邻居、公司伙伴等，在不同的情境中定义不同。虽然社会网络中人们会提名配偶或兄弟姐妹作为密友，但通过姻缘或亲缘关系而产生联结的接触者并不认定为同伴（Scott，2013），因此，同伴效应的定义也就非常广泛了。萨科多特（Sacerdote，2011）认为几乎所有影响到个人结果的外部性，如同伴的家庭背景、同伴特征、当前行为等溢出效应均可认为是同伴效应。一般来说，当经济因素在一个群体或网络中相互作用时，同伴效应就会存在。

在教育中，人与人之间的互动会带来人力资本积累的外部性，尤其对早期教育阶段（小学和中学），自科尔曼（Coleman，1968）在著名的《科尔曼报告》（Coleman Report）中提出"同伴很重要"后，教育中的同伴效应研究呈现爆炸式的增长，但其内涵的界定并不统一。曼斯基（Manski，1993）最早正式对同伴效应进行了界定和测量，他提出用均值线性模型（linear in means model）可以计算出同伴效应的大小，因为一个个体的行为取决于其他个体的平均行为，也可能取决于他们的平均特征。齐默尔曼和戴维德（Zimmerman and David，2003）对教育中的同伴效应进行了具体的界定，认为同伴效应就是学生个体在教育场所（学校、宿舍、年级、班级、小组等），受到其他同龄人群体的所有影响，均可看成是同伴效应。本书界定的教育同伴效应，是指班级学生之间，在相互交流互动中所产生对自身学习成绩和非认知能力方面的影响。

对于班级同伴效应的作用途径，霍克斯比（Hoxby，2000）系统分析了以下五种方式。第一，学生之间互相帮助和指导产生的知识外溢效应。第二，班级学生的能力特征影响老师进而影响班级教学标准，反过来又对学生产生影响。如班级中优等生比例高，老师可能会相应提高课程难度。第三，外部环境对学生同伴的间接影响。如一个在家遭受暴力的孩子可能会对班级其他学生产生破坏性影响。第四，因学生个体特征，如性别、民族、宗教信仰、家庭收入、残疾等产生的同伴效应。第五，学校管理者或教师对学生认知产生的同伴效应。如一个教师认为女生在理科方面的表现上没有男生出色，可能会强化女生同伴在理科方面的逊色表现。

克雷奇默等（Kretschmer et al.，2018）总结了同伴效应背后的三种主要机制。同伴效应可能通过三种方式出现。第一，信息传递。当同伴认为需要达到重要绩效或标准时，把这一信息传递给其他同伴，通过同伴之间施加压力产生同伴效应。第二，体验共享。同伴之间通过交流互动，共享信息和知识，以减少信息不对称性或降低搜寻成本产生同伴效应。第三，外部性。个人会受到班级不同能力同伴的影响。如同伴通过提供（或不提供）支持和资源鼓励教育结果，或者同伴的学习行为对他人带来的影响。一般认为，高水平的同伴促进了课堂内的学习过程（例如通过提问和提供答案），而低水平的同伴破坏了学习过程（例如通过不恰当的行为或在课堂内聊天等）；高水平的同伴通过建设性的反馈帮助提高自我效能感（Hanushek et al.，2003；Kang，2007；Stinebrickner and Stinebrickner，2006；Véronneau et al.，2010；Woolf et al.，2012）。

1.3.4 儿童人力资本（认知能力与非认知能力）

传统理论认为人力资本主要包括教育水平和健康状况两大方面，而人的能力对人力资本积累和劳动力市场的影响还处于未知领域。新人力资本理论明确把认知能力和非认知能力作为能力的代理，是人力资本的主要表现形式（Cunha and Heckman，2007）。由于本书实验研究的对象主要是指农村小学三至五年级的儿童，具体年龄区间为 7~15 岁，因此将对儿童人力资本的概念进行界定。而关于认知能力和非认知能力的研究，目前文献主要从认知和非认知能力的影响和测量两方面展开。

（1）认知能力和非认知能力的影响

现有教育文献对认知能力与非认知能力的区分一般是分数与人格特质。由于早期经济学家通常认为人格特质容易变化不易界定和测量，因此在传统人力资本理论的框架中，经济学家并没有把非认知能力纳入能力的范畴，能力仅仅包括认知能力。认知能力是指与个体智力、逻辑推理、记忆等方面的能力，对儿童的学习成绩的未来工作表现等有重要的影响。许多学者研究了父母外出对子女认知能力的影响（McKenzie and Rapoport，2011；Antman，2011，2012；Zhang et al.，2014）。除了认知能力（如智商、学习成绩等），非认知能力（人格特质）也会影响个人社会和经济上的成功。非认知能力是与情感、社交、自尊和态度等方面的能力（Heckman and Rubinstein，2001）。关于非认知能力的研究成果主要体现在学业表现和劳动力市场中。如大量研究文献表明，毅力和与学习兴趣相关的偏好等特征可能使人们获得更多的受教育年限（Borghans et al.，2008；Heckman et al.，2010）。赫克曼等（Heckman et al.，2014）发现非认知能力较差的学生在高中阶段更容易辍学，并且在未来的生活中表现不佳。阿默德等（Almlund et al.，2011）以各种行为量表衡量了青少年人格占受教育程度差异的12%，而青少年认知能力占16%。这些文献表明，非认知能力（如动机、坚韧性、可信赖性、责任心、诚实和毅力）可以预测生活中的成功，它们会导致成功，提高非认知能力的项目在公共政策的有效组合中具有重要地位（Heckman and Kautz，2012）。教育经济学家列文（Levin）论述了教育要重视非认知能力的培养，并建议将非认知能力纳入国家教育评估（PISA）中。此外，非认知能力对劳动者的表现也有较大影响。赫克曼等（Heckman et al.，2014）研究了认知能力和社会情感能力（用风险和鲁莽行为测量）对任务表现的影响，并发现了显著的预测性。

（2）认知能力和非认知能力的测量

由于认知能力主要通过教育获得，与学习成绩高度相关，因此，对认知能力的衡量，现行文献的通行做法是用学生学习成绩表示（Antman，2011，2012；Jackson，2012；Zhang et al.，2014）。而关于非认知能力的测量，心理学家研究了很多测量的工具，目前比较常用的量表有三种：内外点控制量表（rotter）、自尊量表（rosenburg）和大五人格量表（big five factor personality）。但基于自我测试还是行为观测仍然存有一定的争议。普瑞特和库伦（Pratt and Cullen，2000）认为在预测犯罪率时，基于自我测试和行为观测得到的非认知能力的指标具有同样的效果。班达（Benda，2005）比较了两种评估方法，却发现行为观测得到的指标对于犯罪率有更高的预测性。杰克逊（Jackson，2012）用旷课次数、休学次数、平日成绩以及跳年级对非认知能力进行了研究，发现非认知能力与认知能力对儿童成年后的表现有着类似的预测性。考茨和扎诺尼（Kautz and Zanoni，2014）用学校中的行为表现预测了毕业率以及大学录取率，也发现了显著的效果。

关于非认知能力的衡量，本书采用戈德堡（Goldberg，1990，1992）的"大五人格测试"（big five measures）量表来测度。大五人格测试是衡量非认知能力的经典方法，主要通过自评或他评问卷的心理测评法来量化非认知能力的五大因子：开放度（openness to experience）、责任感（conscientiousness）、外向性（extraversion）、亲和性（agreeableness）以及神经质（neuroticism），被广泛地运用于心理学、教育学与经济学领域。

因此，从现有文献可知，首先，认知能力和非认知能力对儿童学业以及成年后劳动力市场的表现都有重要的影响；其次，关于非认知能力的衡量方法目前的标准还不统一。结合库尼亚和赫克曼（Cunha and Heckman，2007）对人力资本的最新研究成果，本书把儿童的人力资本定义为儿童的认知能力和非认知能力。认知能力是指与个体智力、逻辑推理、记忆等方面的能力，参考现有文献的通行做法，本书以学生学习成绩来衡量。非认知能力则指情感、社交、自尊和态度等方面的能力（Heckman and Rubinstein，2001）。本书非认知能力的衡量采用戈德堡（Goldberg，1990，1992）的大五人格测试量表来测度。

研究内容与章节安排

1.4.1　研究内容

本书主要研究农村义务教育阶段，班级社会网络结构及其教育中的同伴效应对儿童认知能力和非认知能力的影响。首先，利用班级社会网络的数据，刻画出学生基于友谊形成的网络、分析网络中处于中心地位的学生对其他学生学习成绩和非认知能力的影响。其次，借鉴空间计量中空间权重矩阵的构造方法，随机分配座位后，识别出班级网络中每个学生的空间位置，定量研究班级高分学生与低分学生之间的不对称同伴效应，并分析这种不对称同伴效应对学生人力资本的影响。最后，进一步深入到小组层面，微观分析小组合作型网络对学生学习成绩和非认知能力的影响及机制检验。具体来说，本书的主要研究内容如下：

（1）社会网络中心性与儿童人力资本的实证分析

根据湖北农村三所小学的实验数据，对小学生随机排座后的学习成绩进行跟踪研究，考察班级处于高中心性地位的学生对与其座位距离不同的同伴学习成绩和非认知能力的影响。探讨微观环境下，班级内社会网络距离与学生成绩和非认知能力的关系。在社会网络中心性测度上，运用中心性距离衡量的 6 个维度，分析高中心性学生对其他学生的影响，并进行异质性分析，最后探究影响机制和渠道。研究发现班级里学生之间的座位安排对于学生成绩影响显著，且离班级高中心性学生坐得越近，学生成绩会显著提高。

（2）基于空间网络距离的不对称同伴效应对学生人力资本的影响

主要以湖北三所农村小学共计 21 个班级的三至五年级 1005 名学生为跟踪研究对象，采用空间计量经济学方法（Anselin et al.，2004；Lin，2010，2015），探究班级学生随机分配座位后，学生周边是能力较强的学生或周边是能力较弱的学生的非对称同伴效应大小。本章首先把每一个学生看成班级网络中的一个节点，由随机排座后的学生座位行与列，识别班级网络中高分学生与低分学生的座位，并构造出学生座位的空间权重矩阵。然后比较在同一班级中，学生周边是能力较强的与能力较弱的同伴对学生学习成绩的影响有什么不同，分析同一群体非对称的同伴效应，进一步探讨不同性别、家庭经济地位、非认知水平的非对称同伴效应异质性，以及可能产生的机制。最后用空间模拟的方法，对学生的排座进行了空间模拟，探讨最优排座策略。

（3）社会网络合作型结构与小学生人力资本积累

从班级合作学习小组的分析视角，探讨随机形成学习小组后，有学习小组的实验班与无学习小组的控制班，学生在认知能力和非认知能力方面的差异，并分析引起这种差异的原因及小组内部的互动作用机制。在数据上，运用了一个学期的学生成绩和两轮学生社会生活跟踪观察的信息；在方法上，先利用抓阄的方式随机确定实验班和控制班，然后在实验班随机形成学习小组，采用随机实地实验和"双重差分模型"（difference-in-differences model）的方法估计在班级建立学习小组对小学生认知能力和非认知能力所产生的因果效应。

1.4.2 章节安排

本书具体的章节安排如下：

第 1 章，绪论。本部分先阐述了本书的研究背景，提出现实中存在问题，交代选题的由来；然后对核心概念进行界定，陈述全书的研究内容和研究框架；接着介绍文章使用的主要研究方法，最后对文章的创新点和不足之处进行归纳。

第2章，文献综述。本部分分别从社会网络与同伴效应、网络中心性与学生认知（非认知）能力、非对称同伴效应与认知（非认知）能力、小组网络结构的同伴效应与认知（非认知）能力这四大方面对现有文献进行了系统的梳理和讨论，并对主要文献进行了简要的述评。

第3章，理论分析。本部分首先从社会网络理论出发，分析了社会网络中同伴效应识别模型，并从库尼亚和赫克曼（Cunha and Heckman，2007）的基于能力形成技术的新型人力资本理论的视角，把能力扩展为认知和非认知两部分，并结合同伴效应中经典的均值线性模型和空间自回归模型，构建了本书的分析同伴效应的理论分析框架。

第4章，社会网络中心性与儿童人力资本。本部分利用随机实验排座后的数据，先对社会网络中心性进行相关概述，然后对社会网络分析中的6个中心性指标的内涵、度量过程及各指标之间的相互关系进行了清楚的阐述。详细介绍了本部分的实验设计与计量模型。实证分析了处于网络中心地位的学生与其他学生的物理距离对学生认知能力和非认知能力的影响，得到班级网络中离高中心性学生物理距离越近，受其影响越大的结论。并具体分析了高中心性学生所具备的特征以及会对学生产生影响的机制和渠道。

第5章，基于空间距离的同伴效应与儿童人力资本。本部分先对非对称同伴效应进行了概述，提出网络中处于能力较强的同伴与处于能力较弱的同伴中的整体同伴效应，并详细分析了实验的过程和本部分数据描述，对核心变量进行了介绍，建立了空间计量模型。对非对称同伴效应进行了实证结果的分析，最后进行稳健性检验并对模拟了不同的排座策略对学生学习成绩的影响，提出本部分的建议和结论。

第6章，基于随机学习小组结构的同伴效应与儿童人力资本。本章在第4章和第5章的基础上，进一步阐述班级不同网络结构对学习成绩和非认知能力的影响。概述了随机学习小组的组成，并根据湖南农村学校的随机分组实验，介绍实验数据的来源和实验流程，估计方法和计量模型，并实证分析学习小组对学生的认知能力和非认知能力的影响和异质性。此外，探讨了学习小组内部，初始认知和非认知差异对组内学生的影响。最后进行了课堂纪律和课外时间分配的检验，对影响学生认知能力和非认知能力的影响机制进行分析，并提出学习小组对学生认知能力和非认知能力有显著正影响的结论。

第7章，研究结论与展望。本部分对全书的研究结果进行了总结，并提出相对应的政策建议和未来有待研究拓展的方向。

1.5 研究方法与研究框架

1.5.1 研究方法

本书从社会网络分析的视角，结合社会网络经济学和劳动经济学的相关理论，利用随机实验研究的实证调查数据，综合运用了社会网络分析、文献比较研究、空间计量等方法，系统分析了社会网络结构、同伴效应与小学生人力资本积累的问题。具体研究方法主要有以下三种。

（1）社会网络分析法（social network analysis，SNA）

社会网络理论认为，网络是由节点及节点之间的某种关系构成的集合，而节点之间的关系常常代表网络中节点具体联系的内容或现实发生的实质性关系。社会网络分析法以不同的行动者（个体、群体、组织等）所构成的关系作为主要研究对象，侧重于关系的研究，通过个体在群体中的地位的测度来定量判断网络中每一个结果对群体的影响力大小。在教育同伴效应中，每个学生是网络中的节点，学生之间的学习关系是纽带，一个班级的全部学生及其关系就构成了班级同伴网络。在本书研究的农村小学里，学生通常早上8点到校，下午4点半放学。他们每天六节课，每节45分钟，每节课之间有10分钟的休息时间，中午午餐也是在学校食堂。上学日班级同学在一起的时间每天8小时有余，充足的时长提供了同伴之间大量广泛而深入的交流，使得同学之间形成了密切交往的网络，而这对学生的学习成长影响较大（Carrell et al.，2013；Lu and Anderson，2015）。本书中每个班级是一个互动频繁的社会网络，每个学生 i（班级内任意一名学生）是一个节点，通过 UCINET 软件可计算每个学生在班级网络中的位置，结合学生的物理座位距离，动态分析网络结构的变化中的同伴效应及其对学生人力资本的影响。

具体来说，由于班级同伴关系网络中每个学生处在网络中的位置不同，如有的学生得到的关系选项更多，而有的学生被同伴选择得更少，那些被同伴选择更多的学生往往是班级网络中处于中心位置的学生，因此备受其他学生的关注，对其他学生的影响力较大，也常居于网络核心地位。反之，得到他人选择越少的人越处于网络边缘。按照这种思路，本书在识别"中心性"学生和"关系"时，先通过问卷中测度社会网络的问题"每一个学生提名班上关系最好的三个男生和三个女生"，让学生提名班上关系最好的三个男生和三个女生。然后根据学生间是否提名而形成关系矩阵，把原始数据处理成标准的 N×N 关系矩阵，并把关系矩阵输入 UCINET 软件中，计算出每个学生的网络中心值。假定学生的表现由其个体特征、朋友表现以及朋友的个体特征共同决定，建构的计量模型如下：

$$Y_{is} = S_i\beta + \frac{1}{N}\sum_{j\neq i}^{j=N} W_{ijg}Y_j\gamma + \frac{1}{N}\sum_{j\neq i}^{j=N} W_{ijg}S_j\lambda + FS_{ijg}\varphi + \epsilon_{ijg}; \quad (1-1)$$

$$FS_{ijg} = \sum_j D_{ijg}, W_{ijg} = \frac{D_{ijg}}{FS_{ijg}}; \quad (1-2)$$

$$g = center, friend, follower \quad (1-3)$$

其中，Y_{is} 表示学生 i 的人力资本水平 s（认知能力、非认知能力值）；S_i 是学生 i 的个体特征；W_{ijg} 表示学生 i 受到关系网络中朋友 j 个人的影响权重；$\sum_{j\neq i}^{j=N} W_{ijg}Y_j$ 表示学生 i 周围朋友的表现；$\sum_{j\neq i}^{j=N} W_{ijg}S_j$ 衡量了学生 i 周围朋友的个体特征。FS_{ijg} 是学生关系规模的度量，该值越大，表示学生的直接朋友关系数越多；D_{ijg} 表示学生 i 与朋友 j 在第 g 类的网络联系，有联系取值为1，否取值为0。

由于学生 i 的表现与朋友 j 的表现具有内生性，我们在处理干预效果时，采用干预前后的差值变量，即进一步估计朋友 j 的变化量对学生 i 人力资本水平积累量的影响，拓展后的计量模型如下：

$$\Delta Y_{it} = D_{it}\gamma_1 + T_{it}\gamma_2 + D_{it} \times T_{it}\gamma_3 + \Delta S_i\beta + \Delta \frac{1}{N}\sum_{j \neq i}^{j=N} W_{ijg}Y_j\gamma$$

$$+ \Delta \frac{1}{N}\sum_{j \neq i}^{j=N} W_{ijg}S_j\lambda + \Delta FS_{ijg}\varphi + \epsilon_{ijg} \qquad (1-4)$$

其中，$D_{it} = 1$ 表示学生 i 有实验干预，$D_{it} = 0$ 代表学生 i 没有实验干预；T_{it} 表示虚拟变量，若 $T_{it} = 1$，表示干预后的时间，$T_{it} = 0$，表示干预前的时间；Δ 表示相应变量的差值；其他变量代表的含义与式（1-1）、式（1-2）相同。

（2）随机干预田野实验的研究法

由于教育中同伴网络形成的内生性不可避免（Jackson，2005；Sacerdote，2014；Cicala et al.，2018），目前学术界在解决社会网络内生性方面，主要采用工具变量法和随机实验的方法。本书在解决同伴效应内生性问题时，采用同期或滞后期的成绩作为工具变量，进行两阶段最小二乘回归。此外，本书所用的社会网络和学生学习生活等数据信息，均来自导师课题的随机排座及分组的实验研究。结合社会网络经济学和劳动经济学的相关理论，通过实证调查研究获得真实的社会网络数据和学生人力资本等信息。采用随机干预田野实验的研究法，能根据研究的具体需要，随机分配学生座位周边的同伴及小组成员，最大限度地减少网络中同伴效应的固有的内生性问题。

本书的干预实验均是在农村小学的班级中通过随机分配座位的方式进行，对实验效果的评估主要采用了双重差分法（difference in difference，DID）。该方法的基本思想是通过对比实验组（treatment group）和控制组（control group）在前后的变化来评估干预实验的效果，模型如下：

$$Y_{irs} = \beta_0 + \gamma treatment_i \times round_d + \beta_1 treatment_i + \beta_2 round_d + \beta_3 X_{irs} + \epsilon_{irs}$$

$$(1-5)$$

其中，Y_{irs} 表示学生 i 在班级 r 学校 s 的人力资本水平（包括学习成绩、非认知能力）；β_0 表示不随时间变化的学生 i 的个体特征因素；$treatment_i$ 表

示学生 i 所在的大组，如果是实验组，取值为 1，如果是控制组，取值为 0；$round_d$ 表示时间趋势，若取值为 1，表示实施干预，取值为 0，表示没有干预；β_1 控制实验组与控制组之间不可观测的固定特征差异，β_2 控制时间变化对实验组与控制组不可观测总体因素的影响；γ 是交互项系数，是我们关心的主要估计参数，表示实验组实行干预的效果，X_{irs} 代表学生 i 在班级 r 学校 s 的可观测到的特征变量（如父母教育水平、家庭收入、父母职业等）；ϵ_{it} 代表误差项。

此外，由于班级同一小组在座位上是一起的，且实验干预中以各组为单位进行日常行为的考核，学习小组内部的成员会有更频繁的互动和交流，小组内部的同伴效应可能更大。基于教育中同伴效应的文献（Sacerdote，2011；Chen and Gong，2018；Lavy and Sand，2019；Hahn et al.，2019），本书首先估计学习小组内部学生成绩结构对其他学生的影响，建立如下模型：

$$Y_{j,cb} = \beta_1 Peer_{j,nr} + \beta_2 \overline{Peer_{-j,cb}} + \lambda_{cb} + \epsilon_{j,cb} \qquad (1-6)$$

其中，$Y_{j,cb}$ 表示学生 j 在班级 c 小组 b 的认知能力和非认知能力（认知能力用学习成绩表示，非认知能力用大五人格特征来表示）；$Peer_{j,nr}$ 表示学生 j 所在小组中高分或低分同伴数量 n 所占的比率 r；$\overline{Peer_{-j,cb}}$ 表示班级 c 小组 b 中除 j 以外的其他同伴的平均特征；λ_{cb} 表示小组固定效应；$\epsilon_{j,cb}$ 表示小组误差项。

进一步，本书研究了小组内的同伴效应如何随着团队组成而变化。具体来说，将研究团队组成在学习成绩和非认知能力方面，如何影响学生的学习成绩和人格特征。学习成绩的差异定义为小组成员的成绩与其他成员平均成绩之间的差异，非认知能力的差异也类似定义，将建立以下计量模型：

$$dy_{j,t} = y_{j,t} - y_{j,baseline} = \beta_0 + \beta_1 \left(k_{j,baseline} - \overline{k_{-j,baseline}} \right)$$
$$+ \beta_2 X + \beta_3 D_{it} + \epsilon_{jt} \qquad (1-7)$$

其中，$dy_{j,t}$ 表示学生 j 与基准成绩相比，在学习成绩或非认知能力方面的相比变化；$\overline{k_{-j,baseline}}$ 代表小组中除学生 j 外，其他学生的学习成绩或非认知能力与基准相比的变化；$k_{j,baseline} - \overline{k_{-j,baseline}}$ 衡量了学生 j 与组内其他成员的初始学习成绩或非认知能力方面的差异。X 表示学生的特征变量（如家庭背景、父母职业、父母收入等），D 表示一些虚拟变量（如是否班干部、是否转学）；ϵ_{jt} 是误差项。

（3）空间计量经济分析法

空间计量经济分析法在区域经济学中很常用。一般用来考察区域发展的空间规律和联系，探析不同区域空间的发展趋势及原因。本书把社会网络中每一个学生看成一个微型的区域单元，采用空间计量经济学的方法，构建同伴效应的空间自回归模型，并分析基于每个学生的空间距离的同伴效应对学生人力资本积累的影响。使用空间自回归模型来分析网络中的同伴效应，能很好地识别情境效应、内生效应和相关效应（Lin，2010，2015）。本书具体运用包括三部分：第一，分析社会网络中处于中心位置的学生对群体的空间辐射效应；第二，比较分析社会网络中具有不同特征的群体对其他成员的影响的不对称效应；第三，探究改变社会网络的空间结构后，当一个大网络随机组成几个小网络后，每个小网络中的社会互动及同伴效应对学生人力资本的影响。

1.5.2　研究框架

本书先通过研究背景的分析，提出社会网络中的同伴效应对农村儿童人力资本积累影响的问题，采用随机干预的田野实验研究中两套学生学习生活调研数据，并对数据进行描述性分析与理论建模。接着，从新人力资本理论的视角，分别运用同伴效应线性均值模型、社会网络空间自回归模型和双重差分模型，对实验数据进行实证计量分析。在实证分析部分，本书主要分析网络中心性、非对称网络和随机学习小组这三种不同社会网络结构中的同伴效应，以及对农村儿童人力资本的影响。具体内容为：社会网络中心性与儿童人力资本积累、基于空间距离的同伴效应与儿童人力资本、基于随机学习小组结构的同伴效应与儿童人力资本。进一步，在现有社会网络理论与同伴效应的实证研究基础上，本书提出网络结构的动态变化与同伴效应识别的关系，以及基于社会网络视角农村儿童人力资本提升的策略。最后，本书根据实证数据分析，得到结论并给出相关政策建议。

具体研究框架见图 1-1。

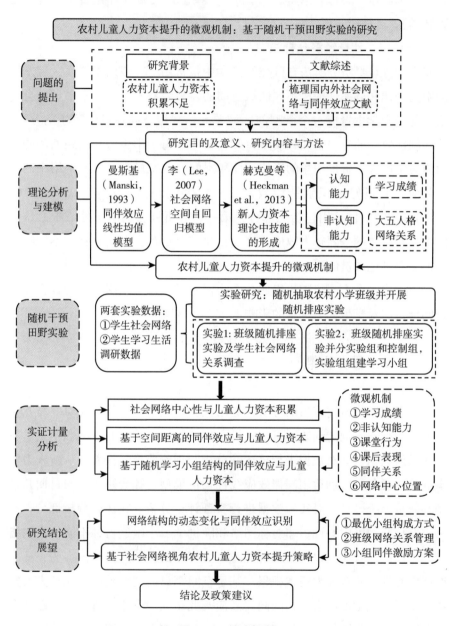

图 1-1　研究框架

1.6 主要贡献与局限

1.6.1 主要贡献

(1) 研究视角

本书对小组同群效应与儿童人力资本提升背后的微观机制进行全面探讨。目前国内文献对同伴效应与儿童人力资本的研究多侧重于认知水平（学习成绩）、教育程度和健康等方面，较少从儿童非认知能力（人格特质）、同伴友谊的视角来分析。本书除了从同伴效应的角度来衡量人力资本外，还采用赫克曼等（Heckman et al.，2013）的新人力资本发展理论，从儿童认知能力和非认知能力的角度来衡量人力资本积累情况，并以此分析网络不同组成结构与学生人力资本的关系。在教育中同伴效应的影响上，现有文献多分析教育中同伴效应的异质性影响，往往以教育水平作为人力资本的代理，缺乏社会网络中对同伴关系和同伴效应的实验研究。本书首次将同伴效应、网络中心性位置与非认知能力相结合，分析了班级网络中高中心性学生对其他学生认知能力和非认知能力的影响，是对现有理论研究的深入。

(2) 研究内容

在研究内容上，本书创新性地提出三种不同的社会网络结构，考察网络中同伴效应对儿童人力资本的影响，并将网络中的同伴效应对教育的影响程度很好地反映在每个人在网络中的位置上。首先分析了社会网络中处于中心位置的学生对其他学生的影响；其次研究了不对称网络结构的不同效应，把学生的座位空间距离与学习成绩结合起来，分析网络中学生座位周边是优等生与差等生的总溢出效应，首次比较了网络中双向同伴效应的大小，最后本书从随机学习小组的网络结构，分析了班级组建学习小组对学生认知能力与非认知能力的影响，而以往研究更多分析学习小组对学习的影响，对于小组的构成，很少有文献进行随机实验跟踪研究。

(3) 实证方法

以往文献在研究教育与社会网络中的同群效应时，内生性问题的处理往往饱受诟病。目前学术界解决内生性问题主要采用工具变量法和随机实验的方法。本书的数据均来自农村小学的实验研究，运用了两套随机实验数据。在实证方法上，本书运用随机排座和随机分组的方法，控制了可能存在的内生性问题。具体分析中，首先，本书采用了社会网络分析法，识别出网络中高中心性学生，并首次运用六种网络中心性距离指标，来考察高中心性学生对其他学生学习成绩和非认知能力的影响。其次，本书首次建立学生随机排座后的空间权重矩阵，运用空间自回归模型，分析了学生周边成绩较好的群体与低学业群体的非对称同伴效应。并运用空间模拟排座方法，设计了最优座位安排。本书把随机排座和空间计量方法相结合，能有效避免网络中同伴效应的内生性问题。最后，本书设计了随机学习小组的实验，运用双重差分法（DID）来对比实验班与控制班，儿童在认知能力与非认知能力方面的差异。为探索最优学习小组构成，本书深入到学习小组内部，分析了不同成绩和非认知能力的学生的初始差异，对学习小组内其他成员的整体影响。

1.6.2 局限

第一，本书使用两套实验研究数据，分析了班级学生在不同网络结构中，同伴效应对学生认知能力与非认知能力的影响，但由于网络固有的内生性问题，现有同伴效应的实证文献通常面临的一个关键挑战是：如何确定相互作用的个体结果之间的相关性（Blume and Durlauf，2005；Soetevent，2006），即曼斯基（Manski，1993）提出的内生性问题①。但菲尔德和佐莱齐（Feld and Zölitz，2017）证明，当同伴的分配是随机时，对同伴效应的估计偏误接近于零。本书在实验过程中对学生进行了随机排座与随机分组，用外生性的学生随机排座后的网络距离作为主要变量，在很

---

① 曼斯基（Manski，1993）在均值线性模型中，指出内生性主要来自三方面：第一，自选择（self selection），即个体会偏向选择那些具有与自己特征相似的同伴（Black，1999；Gibbons et al.，2009；Kane et al.，2006）；第二，反向问题（reflection problem），在社会网络交互中，影响是双向的，个体会受到同伴特征的影响，反过来其自身特征也会影响同伴，所以我们无法区分网络中个体的行为是同伴影响的原因还是结果；第三，测量偏误。

大程度上克服了内生性问题，但由于本书在实验中考虑到学生视线的实际需要，先按学生身高排序后再随机排座，因此学生是在同一身高组进行的随机排座，并不是纯粹的随机排座，不一定能准确估计同伴影响对个体行为的因果效应。

第二，本书在分析学生随机排座后，学生座位周边是能力较强的同伴与能力较弱的同伴的非对称同伴效应时，仅从认知能力（学习成绩）的角度分析了非对称效应，没有分析社会网络中心学生与边缘学生的相互作用，高中心性学生一般是班级成绩优异的学生，而网络中边缘学生是否为低学习成绩的学生缺乏验证。另外，由于非认知能力（人格特质）的多样性特点，没有绝对的高人格特质与低人格特质的划分，因此本书没有从非认知能力的视角来分析非认知的非对称效应。

第三，本书采用库尼亚和赫克曼（Cunha and Heckman，2007）新型人力资本理论中关于能力的定义，把儿童人力资本分为认知能力和非认知能力两个维度来衡量，并分析网络中同伴效应对儿童认知能力和非认知能力的影响。虽对现有文献有一定的贡献，但在非认知能力测量上，本书采用问卷调查法让学生自我报告的方式进行的，对于低年级儿童来说，不一定能准确理解题目的意思，加之个体之间会存在参照误差，因此无法准确地衡量学生的非认知能力。

第四，实验数据的收集质量问题。本书的研究对象为农村儿童的人力资本积累状况，由于考虑到低龄儿童识字不多，以及毕业班学生不易跟踪特点，具体实验选取的是三至五年级学生，而一至二年级的学生和六年级毕业班学生均排除在样本中，这使得本书的样本不能充分反映基础教育阶段学生的人力资本情况。在未来的研究中，需要进一步考虑结合学生的不同年龄特点改变实验方式，把低年级学生和毕业班样本都放入实验中，使研究数据能全面、系统地反映农村儿童的人力资本积累状况。另外，本书收集的数据均来自田野实验中的纸质问卷，对于低年级学生，可能不能很好地理解问卷中的部分题目，存在问卷胡乱填写或互相抄袭的情况；加之在录入问卷过程中，由于部分问卷字迹潦草难以辨认，会产生大量人为录入错误。为提高实验数据的真实可信和收集质量，在问卷调查中采用了以下的两种优化方案。

第一种为班主任老师对学生问卷进行把关。事先对班主任老师进行问卷填写培训，在填写问卷过程中，要求班主任老师监督；三年级学生可由老师带着完成，当学生不理解问题时，老师可进行解释但不引导学生选择；老师强调所有题目均要完成，问卷完成后统一回收，并进行检查和清点。

第二种为家长问卷通过手机直接填写，学生成绩信息由班主任老师或学校教务部门提供。学生家庭信息的填写也非常重要，以往的学生调查中发现有些学生对家庭收入、家长职业等信息不清楚。为收集到高质量的数据，了解学生在家表现，我们增加了家长电子问卷，提前将问卷题目录入服务器，远程将数据输入我们的信息资料库。学生成绩信息则由班主任老师或实验学校的教务老师直接提供给课题组。此外，为保证实验干预的质量，在每所学校统一选出 3 名非班主任教师作为实验跟踪员，每隔两周到班级查看了解随机排座实验的执行情况。实验中期，课题组成员会去到实验学校对实验结果进行中期检验，以确保本书研究设计的随机排座干预在现象中被完全执行。

第 **2** 章

文献综述

2.1 社会网络与同伴效应

随着近些年同伴效应研究的深入和网络经济学的发展，学生的同伴网络成为理解学生表现的重要因素（Patacchini et al.，2017；Vaquero and Cebrian，2013），从社会网络的视角来分析同伴群体的形成及同伴之间的相互影响的文献也不断增加（Ryabov，2011；Carolan，2014；Carbonaro and Workman，2016；Bond et al.，2017；Vignery and Laurier，2020）。概括而言，下面将对关于社会网络与教育中同伴效应的研究领域进行分类论述。

2.1.1 网络自选择与同伴效应识别

社会网络理论认为，网络是由节点及节点之间的某种关系构成的集合，而节点之间的关系常常代表网络中节点具体联系的内容或现实发生的实质性关系。在教育同伴效应中，每个学生是网络中的节点，学生之间的学习关系是纽带，一个班级的全部学生及其关系就构成了班级网络。

一般来说，网络中节点之间的链接可以是定向的，也可以是无向的。定向链接在一对一（二元）关系中提供了不同的角色。如泊尔定等（Poldin et al.，2016）提到，当一个学生向另一个学生寻求帮助时，则谁寻求帮助，谁提供了帮助，在这两个学生的关系之间有很明确的方向，这就是定向链接。而反过来，无定向链接不提供此类信息。在本书的研究中，由于网络形成中固有的内生性（Jackson，2005；Sacerdote，2014），班级同伴之间学习关系呈现多元特点，如个体会根据比较优势来选择同伴，选择与自己特征相似的个体成为朋友，而在学习关系中又可能选择学习能力较强的同伴，这就是网络中自选择问题（Manski，1993；McPherson et al.，2001；Cicala et al.，2018；Graham，2017）。因此，班级同学之间的链接是不定向的，这种不定向链接使得干净的识别网络中同伴效应存在困难。

尽管如此，对于网络中同伴效应的识别问题，众多学者的研究成果提供了丰富的证据加深了我们对这些问题的理解。最早正式对同伴效应进行估计的是曼斯基（Manski，1993），他假定给定群体中的所有个体都是相互联系的，每个个体的行为取决于其他个体的平均行为和特征，提出线性均值模型（line in means model）来识别群体中相互作用的大小。但曼斯基同时提出，在线性均值模型中，存在两个主要的识别问题。第一个问题是很难真正地将社会效应（内生性＋外生性）与相关效应区分开来。第二个问题是即使在没有相关效应的情况下，个体行为受群体中所有其他个体平均行为与特征的共同影响，而不受群体外任何人的影响。因此，在一个同伴群体中，每个人的行为都会影响到其他人，所以无法区分一个小组成员的行为是同伴影响的原因还是结果，就会产生反身问题。曼斯基的模型认为无论个体如何选择同伴，个体对所有同伴的影响都是同质的，总效应都不会变化，因此，同伴效应是一种零和现象。莫菲特和柯蒙特（Moffitt and Comments，2001）把个体排除在均值之外，但假定所有群体的规模都是相同的，同伴效应也没有被识别。李（Lee，2007）克服了前面研究的局限性，考虑了不同规模的群体之间的相互作用，个体也被排除在均值之外，他发现随着群体大小的变化，同伴效应可以被识别。此外，从群体互动的视角，拉茨凯韦（Laschever，2005）将与多个参照群体的社会互动模型应用于第一次世界大战退伍军人战后就业的问题。杰奥尔格等（De Georgi et al.，2007）利用多个群体来识别大学生教育选择中的同伴效应。林（Lin，2007）利用友谊联系的详细数据来估计同伴对学生成绩的影响。

由于线性均值模型和大多数同伴效应模型一样，一个基本的假设是个体在群体中相互作用而不受群体外的影响，这种社会互动模型不太可能代表大多数情况下的网络关系。社会学家首先发展了对社会网络的分析（Wasserman and Faust，1994；Freeman，2004），在实证层面，经济学中也有越来越多的理论研究探讨网络对群体的作用（Jackson，2008）。结合空间计量经济学文献的研究（Case，1991；Anselin et al.，2004），布罗姆利等（Bramoullé et al.，2009）扩展了线性均值模型和社会互动模型（Lee，2007），假定群体中相关的不可观测特征要么不存在，要么被视为固定效应，用矩阵法来表示结构模型，在网络交互作用下识别出内生效应与外生效应。凯芙－阿尔蒙格等（Calvó–Armengol et al.，2009）运用空间误差模型，探讨了网络定位对同伴效应在教育中的作用。此外，近期关于网络与同伴效应研究文献的模型中，综合考虑影响网络形成的不可观察的个体特征所产生的内生性问题，同时也考虑网络之外的相关性，采用控制函数（参数和半参数）等方法，来估计网络中的同伴效应（Goldsmith-Pinkham and Imbens，2013；Qu and Lee，2015；Arduini et al.，2015；Auerbach，2016；Hsieh and Lee，2016；Johnsson，2019），极大地推进了网络理论在同伴效应中的应用和发展。

2.1.2 同伴表现和网络之间的联系

大量社会网络学和经济学的文献研究发现，学生的表现会受到网络中的位置、网络结构、网络规范和同伴表现等影响（Ortiz et al.，2004；Johnsson and Moon，2015；Shepherd，2016；Bond et al.，2017；Berthelon et al.，2019；王春超和肖艾平，2019）。许多研究考虑了网络中心位置对学业成就的潜在影响，但结论有所不同。一些研究发现了中心性和成就之间呈正相关关系（Ortiz et al.，2004），学生的表现与中心性之间存在着积极的联系（Yang and Tang，2003；Cho et al.，2007；Hommes et al.，2012；Mushtaq et al.，2016；Zwolak et al.，2017；Liu et al.，2018；Saqr et al.，2018；Vargas et al.，2018）。然而，其他研究得出了不确定或矛盾的结果（Thomas，2000；Obadi et al.，2010；Gašević et al.，2013）。还有研究表明，是否观察到这种正相关关系，取决于学者使用的中心性测量（Hahn et al.，2019）。此外，张等（Zhang et al.，2009）发现了中心性和学习成绩之间呈倒"U"形关系，即随着中心性的增加，学生成绩也随之提高，但达到相对较高的中心性水平后，这种关系则相反。也有研究发现成绩好的学生随着时间的推移，更有可能在他们的人际网络中占据更中心的位置（Bond et al.，2017）。

此外，关于学生表现与朋友网络的研究，有文献表明学生的表现与朋友表现之间存在正相关关系（Foster，2005；Mayer and Puller，2008；Vaquero and Cebrian，2013；Barnes et al.，2014；Fletcher，2020）。学生的学习成绩可能受到朋友网络的影响，尤其是同伴的学习成绩，而成绩优异的同龄人往往会提高学生的成绩（Sacerdote，2001；Winston and Zimmerman，2004；Woolf et al.，2012；Jain and Kapoor，2015；Gong，2019），但其他研究的结果则不确定（Arcidiacono and Nicholson，2005；Stinebrickner and Stinebrickner，2006；Zimmerman，2003）。贝泰隆等（Berthelon et al.，2019）分析了同伴群体的结构对学生成绩的作用，发现学生网络的广度（同伴的数量）和凝聚力对学生的教育结果有积极的影响。这些作者研究了年龄和地点非常不同的样本，这可能解释了为什么他们发现了如此不同的结果。

2.1.3 网络的内生性与同伴效应

由于同伴网络形成的内生性不可避免（Jackson，2005；Sacerdote，2014；Cicala et al.，2018），因此给网络中同伴效应识别带来困难。目前学术界在解决社会网络内生性方面，主要采用工具变量法和随机实验的方法。布罗姆利等（Bramoullé et al.，2009）表明，即使网络中同伴结果和行为之间存在内生性，也可以通过利用特定网络结构的工具变量（IV）来识别同伴效应。只要没有与同伴的朋友互动，同伴朋友的平均特征可以作为同伴平均特征的工具。杰奥尔格（De Giorgi，2010）使用同伴朋友的情况作为工具变量，由于同伴的朋友与之没有直接的接触，因此是外生的；而同伴的朋友与同伴会相互影响，具有较强的相关性，故使用该变量作为工具变量来解决内生性问题比较合理。帕塔奇尼等（Patacchini et al.，2017）使用自我提名的朋友来识别与学生有实际交往的人，这种方法解决了群体中特有的不可观测因素同时影响个体和同伴而产生的内生性问题（Manski，1993）。门多利亚等（Mendolia et al.，2018）也使用同伴的朋友这个工具变量来估计同伴质量对高分学生的影响和在英国上大学的可能性。

此外，也有学者用同期或滞后期的成绩作为工具变量，研究同伴效应对成绩的影响。如康（Kang，2007）利用韩国 Timss 数据，用科学成绩作为数学成绩的工具变量，研究同伴效应对学生数学成绩的影响。扎贝尔（Zabel，2008）也采用了相同的策略，建议将同期的成绩包括在要估计的方程中，用数学成绩作为阅读成绩的工具变量，他认为如果测试成绩容易受到经典测量误差的影响，那么这种测量方法就可以很好地解决由测量误差引起的偏差。拉维等（Lavy et al.，2012）研究了同伴能力对学习成绩的影响，使用同伴 3 年前的学业表现作为代理变量以解决内生性问题。杰奥尔格（De Giorgi，2014）选择工具变量方法解决内生性问题，由于所选数据是每学年随机分一次班，因此认为两个学生在相同教室相处的时间是随机的，并且相处时间越长，其相互影响作用越大，所以使用学生在同一教室上课相处的时间作为工具变量。王等（Wang et al.，2015）采用关系人的教育来替代农民工自身的教育，用工具变量回归来控制内生性，发现教育溢出效应对不同性别的人具有不同的作用。

工具变量方法虽然可以一定程度上解决内生性问题，但是工具变量的选取受数据限制，并且通常会备受质疑，而且，正如阿尔奇迪亚科诺等（Arcidiacono et al.，2012）所强调的，同伴效应在自我选择的环境中可能与在随机分配的环境中不同。目前社会科学领域越来越多的学者采用随机实验的方法，试图更加干净和准确地研究同伴效应。瑞曼波等（Imberman et al.，2012）根据 2005 年飓风迫使将许多孩子安置在东南部的数据，分析这些外部冲击导致的流入学生对原来学生的影响，这一方法有效地避免了内生性问题。卡雷尔等（Carrell et al.，2013）把美国空军学院刚入学新生中的一半随机分配到实验组，旨在最大限度地提高能力较弱的学生的成绩来推导最优分配策略，结果发现，学生的平均成绩比随机分配的情况更差。鲁和安德森（Lu and Anderson，2015）对学生进行班内随机分座，使得坐在某学生邻近的 5 个同学的性别是随机而定的。哈恩等（Hahn et al.，2015）对学生进行随机分组，这样使得与某学生同组的其他成员的中心性构成情况是随机的、外生的，而中心性在短时间内不会发生太大的变化，在这种情况下分析周围学生的中心性对其成绩的影响。加利克（Garlick，2018）把南非开普敦大学一年级学生随机分配到宿舍，以评估高分学生与低分学生一起生活的同伴效应，结果表明低分学生的表现要比随机分配的情形得分更低。鉴于工具变量方法的限制和有限的效果，以及随机排座位的优势，本书在实验中采用随机编排座位方法，用学生之间的座位距离来衡量网络中学生的距离，衡量班级同伴之间的影响，尽可能地解决社会网络分析过程中所带来的内生性问题。

2.2 网络中心性与认知（非认知）能力

网络中心性（social centrality），也指在群体中最受欢迎和关注的中心人物，是联结网络中其他节点的"桥梁"和"明星"。根据弗里曼（Freeman，1979）的定义，网络中节点的中心性程度对应该节点相邻的链路或边的数量。如果一个节点与其他各点直接相连的频数越多，则表明该节点或行动者在网络中越处于中心位置。节点的中心度衡量有两个：一个是点出中心度（out-centrality），即节点向组成网络的其他节点发出的链接或提名的数量，表示该节点在网络中的社交能力或影响力。另一个是点入中心度（in-centrality），是一个节点从网络中的其他节点接收到的连接或提名的数量，表示该点的受欢迎程度、声望或吸引力（Meijs et al.，

2010；Liu et al.，2018；Lü et al.，2016；Saqr et al.，2018；Thomas，2000；Wasserman and Faust，1994；Yang and Tang，2003；Zwolak et al.，2017）。中心性程度越高的节点，与网络中其他节点的链接越多，更有能力影响他们的邻居（Lü et al.，2016；Rgas et al.，2018），中心节点占据优势的位置，比其他人更容易获得信息（Obadi et al.，2010）。关于网络中心性与学生认知能力与非认知能力的研究，也有不少文献（Baldwin et al.，1997；Thomas，2000；Yang and Tang，2003；Cho et al.，2007；Obadi et al.，2010；Hommes et al.，2012；Gašević et al.，2013；Mushtaq et al.，2016；Tomás-Miquel et al.，2016；Liu et al.，2018；Saqr et al.，2018；Zwolak et al.，2017；Vargas et al.，2018）。本书从研究的内容出发，大致分为以下几方面论述。

2.2.1　网络位置与学习者绩效的关系

关于网络位置与学习者绩效的关系，现有大量文献研究发现，网络位置与学习者的绩效呈显著的相关性，处于网络中心位置的个体相对其他人而言，更容易在合作学习社会网络中获得更高的学习成绩，这是因为处于网络中心位置的学生由于链接更多，拥有更丰富和更新颖的信息、资源、知识、学术利益和权力（Thomas，2000；Gašević et al.，2013；Tomás-Miquel et al.，2016；Zwolak et al.，2017；Vargas et al.，2018），而拥有更多的资源反过来又可以促进更好的表现（Aral and Van Alstyne，2007；Cho et al.，2007；Castilla，Lan and Rissing，2013；Gašević et al.，2013；Tomás-Miquel et al.，2016；Vargas et al.，2018）。例如，杰克逊（Jackson，2014）从理论和实证上都发现学习、信息扩散、决定和行为形成的特征与社会交互网络有关系。巴纳吉等（Banerjee et al.，2013）分析了最先得到新信息的人在社会网络中所处的位置对该信息传播的影响，发现在网络中处于中心位置的人在传播信息时具有更强的能力，他们对信息的传播范围广，传播的效果也更好。凯芙－阿姆格尔等（Calvoó-Armengol et al.，2009）发现，美国高中生在社交网络中的影响程度与其学习成绩呈正相关。斯帕罗等（Sparrowe et al.，2001）研究表明，处于网络中心位置的学生学习绩效通常更高，因为中心学生对获取成功资源更方便，而且中心位置能增加学生对课程的满意度。阿拉达斯等（Alatas et al.，2016）关于印度尼西亚农村小额信贷的研究中，拥有更多关系的个人也更好地了解了他们同龄人的金融持有量。哈恩等（Hahn et al.，2015）对孟加拉国小学生的研究表明，在同龄人中，更大的 Katz-Bonacich 中心性与更好的表现相关，可能是因为这些学生拥有更好的非认知能力，能够促进小组学习活动，执行决定，并激发讨论。

此外，也有研究对大学生群体进行了分析，认为具有高社会地位、更好的个人声望、高中心性的学生往往有更好的成绩，而且在大学里更成功或者有更强的毅力（Hommes et al.，2012；Mushtaq et al.，2016；Zwolak et al.，2017；Vargas et al.，2018）。里士满等（Richmond et al.，1987）比较了网络中互动与学习成绩的关系，发现与其他学习者和教师连接更多的学习者，其学习水平显著高于那些连接较少的学习者，而网络中直接互动越频繁，越有助于学生成绩的提高（Zirkin and Sumler，1995）。焦璨等（2014）使用同伴提名的方法，分析了个体的社会网络关系对其他个体社会地位的影响。薛海平（2011）对我国高中生科学素质的影响因素进行了分析，发现班级网络中成员的学习成绩会越来越趋于一致，同质性会不断提高。范登伯格和希勒森（Van den Berg and Cillessen，2015）用社会关系模型研究班级座位安排和同伴地位的关系，发现学生位置越靠近教室中央，其受欢迎的可能性增加。穆斯塔克等（Mushtaq et al.，2016）通过相关分析和经典回归分析，发现女大学生的 GPA 成绩会随着其中心性程度的提高而提高，中心性地位对成绩有显著正向影响。兹沃拉克等（Zwolak et al.，2017）研究了中心性对物理导论课学习的持久性影响，发现学生的点入中心度与点出中心度均与持久性显著正相关，而持久性增加了坚持学习的可能性。他们认为，那些具有高点入中心度的学生由于他们所提供的知识和支持而受到他人的热烈欢迎，而具有高点出入中心度的学生由于在获得收益、提供帮助或者讨论知识等过程中而与他人保持稳定的联系。瓦加斯等（Vargas et al.，2018）研究了一个同时注册了三门物理课程的大学生组成的学习小组。他们测量了学生向外的中心性（称之为外部优势），即"一个学生辅导家庭作业的学生数量"，和学生向内的中心性（称之为内部优势），即"辅导某个学生家庭作业的学生数量"，他们发现学生的向外和向内中心性均和家庭作业成绩显著正相关。最后，除了传统的教室，有学者研究了在线网络教育环境，发现学生的中心性与学习成绩之间也存在着积极的联系（Yang and Tang，2003；Cho et al.，2007；Liu et al.，2018；Saqr et al.，2018）。

2.2.2　传统教育与在线网络教育的中心性比较

也有学者比较了传统面对面教育和在线网络教育环境下学生中心性的不同结果。托马斯（Thomas，2000）调查了大学新生在传统教育下学生中心性对学习成绩的影响，发现学生的声望和平均学分绩点（grade point average，GPA）成绩之间没有显著的关系，而提名人数和 GPA 成绩之间有显著的负相关关系。在网络教学环境中，奥巴迪等（Obadi et al.，2010）的研究表明，在电子教学平台上的高中心性学生学习成绩一般，而成绩较差或较高的学生则处于网络边缘的位置。盖茨维科等（Gašević et al.，2013）发现在网络课程注册学生中，学生的中心度与成绩之间没有显著的联系。这些研究似乎表明，处于中心地位并不总是对学习成绩有影响，或者至少不一定是积极的影响。这一现象可能与学生所在的同伴群体的水平有关。一般认为，与成绩好的同伴交往和与成绩差的同伴交往，对个人绩效的影响是不同的。例如，瓦盖罗和塞布赖恩（Vaquero and Cebrian，2013）的研究表明，成绩差的学生可以向周边同学发起许多互动，但这些互动并不针对某些特定的同龄人，例如，那些成绩好的学生往往和成绩好的同学交往。此外，不同成绩群体的学生接收和传输信息的质量和效率也不同，在传递和共享有价值的知识、信息或资源方面，高成就群体比低成就群体更有效率，而低成就学生处于劣势，因此他们被排除在这些有效的信息链之外（McPherson et al.，2001；Vaquero and Cebrian，2013；Vaughan et al.，2015）。

2.2.3 网络关系类型的中心性比较

还有研究比较了教育中网络的关系类型与学习结果之间的联系。维格纳里和劳瑞尔（Vignery and Laurier，2020）比较了朋友关系与战略关系对学业绩效的不同影响。朋友关系指学生在私人时间里，经常见面、电话或者在社交媒体中交流更多，更信任、更愿意和他们分享私人问题（Thomas，2000；Ryan，2001；Cho et al.，2007；Hommes et al.，2012）。因此，在朋友网络中处于中心地位将增加学生获得对学业成就有价值的信息、知识和资源的机会（Baldwin et al.，1997；Yang and Tang，2003），朋友的社会支持能带来积极的社会氛围，进而提高同伴的表现（Baldwin et al.，1997；Hommes et al.，2012；Tomás-Miquel et al.，2016；Lavy and Sand，2019）。学生的战略关系指学生在学习上寻求建议或帮助，并能对他们的学习提出问题的学生顾问，拥有更多的顾问或战略关系将增加提供和获得信息、知识和资源的机会，而这些资源在解决问题的过程和竞争环境中是有价值的（Baldwin et al.，1997；Yang and Tang，2003；Tomás-Miquel et al.，2016）。杨和唐（Yang and Tang，2003）比较了传统的面对面教育和在线教育环境下，学生作为朋友关系或战略关系获得提名的数量与表现之间的联系。他们展示了一个由班级和论坛的表现组成学生的整体成绩，发现学生与朋友和顾问的受欢迎程度都显著正相关。然而，在整个年级的预测模型中，只有顾问的中心性仍然显著。鲍德温等（Baldwin et al.，1997）对工商管理专业学生的接近中心性（closeness centrality）进行了测量，发现只有战略关系中心性学生与整体表现显著正相关，而友谊关系中，学生表现并没有因距离更近而表现更好。托马斯－米克尔等（Tomás-Miquel et al.，2016）研究了战略关系和朋友关系的中心性对大学生 GPA 成绩的影响，发现战略关系中 GPA 成绩与中心性存在积极而显著的关系，更多的联系可能会让学生以更有效的方式获得支持和知识。但就友谊关系而言，在友谊网络中越处于中心位置的学生，其在学业方面的表现反而越差，友谊中心性程度与学业表现显著负相关，可能是因为中心学生花费了更多的时间和精力处理关系，因此他们最后指出，在学业成就方面，战略关系可能比友谊关系更重要。

2.3 非对称同伴效应与认知（非认知）能力

2.3.1 "近朱者赤，近墨者黑"的同伴效应

大量经济学文献表明，即使没有不同群体之间的资源和制度差异，学生的同龄人群体也会影响他们的教育结果。在近几年的相关文献中，研究同伴对学生教育结果影响的文献非常丰富，研究的范围涉及社区、学校、年级、宿舍、班级、小组等，研究主题也十分广泛。但受数据获取所限，大多数研究教育同伴效应的文献更多从学校年级或班级等角度出发，分析学生整体平均学习成绩或同伴群体构成（特征、性别、成绩、家庭等）对其他同伴的影响，得到的结果也不完全一致。

学生处在高成就的同伴网络与处于低成就的同伴网络影响不同，从先前文献对同伴效应影响的结果上来看，大致有两类结论。一类认为学生处在优秀的同伴中，能获得更好的资源，因而能带来更有利的地位和更好的成就（Coleman，1988），即"近朱者赤"。这类研究认为优秀的同伴对学生的教育结果产生显著的积极影响（Hoxby et al.，2000；Zimmerman，2003；Ding and Lehrer，2007；Bifulco et al.，2011；Carman and Zhang，2012；Lu and Anderson，2015）。如一些文献研究了高中教育环境中的同伴效应，发现能力较强的同伴倾向提高该学生的成绩，而能力较弱的同伴倾向降低该学生的成绩（Zimmer and Toma，2000；Hanushek et al.，2003；Kang，2007；Patacchini et al.，2011；Kretschmer et al.，2018）。另一些文献研究了大学同伴的影响，也发现成绩优异的同龄人往往会提高学生的成绩（Sacerdote，2001；Winston and Zimmerman，2004；Woolf et al.，2012）。如菲尔德和佐莱齐（Feld and Zölitz，2017）随机分配了班级学生和教师比例，发现平均而言，学生受益于更好的同伴，优秀同伴通过更好的课

堂互动给其他学生带来积极的同伴效应，而不是教师或学生对他们行为进行调整。

另一类文献考察了同伴不良行为对青少年的负面影响，即"近墨者黑"。这类研究的主题较广泛，大量研究表明同伴会受到周边一些不良行为的影响，而导致一些如欺骗学习成绩的行为（Carrell et al.，2008）、吸烟（Harris and López-Valcárcel，2008）、饮酒（Kremer and Levy，2008）、青少年犯罪（Patacchini and Zenou，2012）等。这类文献认为消极的青少年文化在同伴中传播会对学生产生负面影响，它会破坏学生对教育的承诺，削弱他们的学习动机（Coleman，1961），还会阻碍表现较差的同伴群体的优秀表现（Portes，1998）。教育影响方面，金斯勒（Kinsler，2009）建立校长效用模型来描述学生是否从事破坏性行为的决定、破坏性行为对同伴的后果以及校长关于纪律政策的决定，提出学区为了最大限度地提高成绩，应该将表现不佳的学生集中在一所学校，以便校长能够有针对性地施行纪律政策。拉维等（Lavy et al.，2012）研究了留级学生对其他学生的影响，发现差生（留级生）比例的提高会降低普通学生的成绩。留级生比例每增加一个标准差，普通学生的大学入学率的标准差减少 0.012 ~ 0.036，普通学生的平均分数的标准差减少 0.015 ~ 0.036。调查证据表明，这种负面影响是差生的破坏性行为和花费老师更多时间维护课堂秩序造成的。拉维等（Lavy et al.，2012）发现，与就读于有更多优等生的学校相比，就读于有更多差生的学校会带来更大的负面影响。卡雷尔和霍克斯特拉（Carrell and Hoekstra，2010）的研究表明学生周边每多一个破坏性同伴，学生的学习成绩会降低 1/14 个标准差，违规行为发生的概率会增加 17 个百分点。卡雷尔等（Carrell et al.，2018）进一步研究了学生童年的破坏性同伴对学生未来教育和劳动力市场表现的长期影响，发现儿童与破坏性同伴每多接触一年，会使学生未来收入的当前折现价值减少 8 万美元。

2.3.2　能力同群效应的非对称性

在能力同群效应的非对称影响方面，概括起来，现有同伴效应的文献主要有同质影响与异质影响两类。持同伴效应同质性观点的文献认为学生倾向与具有相同人口学特征（种族、年龄、性别等）、文化特征和行为特征的同龄人建立联系（McPherson et al.，2001；Ryan，2001；Mayer and Puller，2008；Woolf et al.，2012；Vaughan et al.，2015；Paloyo，2020），学生受益于与其有类似能力的学生在一起（Hoxby and Weingarth，2005）。所以学生周围如果都是和他（她）类似的同伴时，他（她）的表现会更好。无论对于能力较强的还是能力较弱的的学生，同质群体总是有益的，学生的表现与朋友的表现之间存在正相关关系（Foster，2005；Mayer and Puller，2008；Vaquero and Cebrian，2013；Barnes et al.，2014）。学生们受益于与其他有类似能力的学生在一起。一种可能性是，同质性更强的教室使教师能够针对特定的学生群体定制教材和学习进度。另一种可能性是，当学生具有相似的能力或从事相似的工作时，学生之间可以互相学习。能力较差的学生得到的帮助更多来自他们相似的同伴，而不是来自能力较高的同伴。如拉维等（Lavy et al.，2012）发现，以色列的高能力高中生受益于其他高能力学生的存在。英伯曼等（Imberman et al.，2012）发现高分学生之间的集聚会提高成绩，而低分学生却会因更多低分学生的到来受益。

在能力同伴效应非对称影响的异质性方面，现有文献得到了非常不同的结论，从研究对象和内容的角度，大致分为以下几点来论述。

同伴效应对不同成绩学生影响的异质性。一些文献认为能力较强的学生对中等生成绩提高有帮助，但对能力较强的与能力较弱的学生帮助不大。卡门和张（Carman and Zhang，2012）发现中等能力的学生倾向于从更好的同伴中获益，但是高分学生和低分学生中没有发现这种现象。施尼韦斯和温特–埃布（Schneeweis and Winter-Ebmer，2007）研究发现，当身边有更多成绩好的学生时，成绩较差的学生能够更多地从中受益，而对于本身成绩就好的学生则没有太多影响。吉本斯–泰尔哈（Gibbons and Telhaj，2008）使用英国中学的数据，研究认为高分的学生能够帮助低分学生提高成绩，但是低分学生对高分同伴有负面影响。卡雷尔等（Carrell et al.，2010）的研究表明，能力较弱的同伴和能力较强的的同伴均可以从能力较强的同伴中受益，能力较强的同伴不会受到能力较弱的同伴的不利影响；中等能力的同伴会经历一些能力较弱的同伴的负面影响，但不会从能力较强的同伴那里受益。因此，通过将能力较强的和能力较弱的的伙伴分组，同时为中等能力的伙伴创建单独的组，可以获得帕累托改进。拉维等（Lavy et al.，2012）发现，与就读于有更多优等生的学校相比，就读于有更多差生的学校会带来更大的负面影响。英伯曼等（Imberman et al.，2009）将卡特里娜飓风（Hurricane Katrina）的撤离者的突然到来作为对同辈群体的冲击，发现成绩优异的学生从成绩优异的同辈人中受益最大，而成绩较差的学生受到的伤害最大。布伊吉等（Booij et al.，2017）、杜夫若等（Duflo et al.，2011）、菲尔德和佐莱齐（Feld and Zölitz，2017）的研究表明，得分低的学生在相对同质的班级中表现更好，而得分高的学生却不一定在同质群体中受益。

同伴效应对不同学科影响的异质性。也有学者分析了同伴效应对不同科目的影响。如比茨和周（Betts and Zau，2004）从班级、年级两个层面测量个人在数学和阅读成绩上的同伴效应，发现班级相对于年级更重要，同伴效应非对称。布鲁奈罗等（Brunello et al.，2010）对意大利一所公立大学的一年级新生进行随机分配宿舍，发现同伴效应在不同专业的效果不同，舍友是理科专业的同伴效应明显大于舍友是人文社会科学专业的，并且同伴效应显著为正，但舍友是同一个学科专业的效果更大。杰奥尔格（De Giorgi，2010）认为一个学生会受其同伴专业选择的影响，更趋向于选择相同的专业，同伴效应在学校方面尤为明显。杰奥尔格（2014）使用同一套数据进一步分析了行为高度集聚（如选择一样的专业）的经济机制，认为学生是通过一个相互的保险机制进行交互。施尼韦斯和温特-埃布（2007）研究了奥地利15～16岁学生在学科成绩上的同伴效应，结果显示同辈群体对学生阅读成绩有显著的正向影响，而对数学成绩的正向影响较小。社会背景较差的学生在阅读方面的同伴效应更大。此外，分位数回归表明，阅读方面的同伴效应是不对称的，能力较差的学生从接触聪明的同伴中获益更多，而能力较强的学生不受影响。鲁（Lu，2014）利用同伴特征中许多变量和同伴群体之间的交互，发现低分学生降低了常规学生在英语方面的表现。伯克和萨斯（Burke and Sass，2013）收集了佛罗里达州所有公立学校三至十年级学生6年的个人成绩数据，他们发现在线性均值模型下，课堂同伴能力对学生成绩的影响很小，但在非线性模型中，同伴效应是显著的，与同一所学校的其他年级的同龄人相比，课堂上的同龄人对个人成就的影响更大。在能力的同群效应方面，他们发现若能力较强的学生所占比例大于能力中等的学生时，能力较弱的学生会从中受益更多；若能力较强的学生大于能力较弱的学生所占比例时，能力中等的学生获益最多；而能力较强的学生从能力中等的学生那里获益最多，从能力较强的学生那里获益最少。

同伴效应对不同性别影响的异质性。如伯南克等（Black et al.，2013）发现女生在年级中的比例会影响学生在校成绩，且这种影响具有异质性，不同性别的学生受到的影响大小不同，同伴的平均年龄、同伴母亲的受教育水平对学生的成绩有影响，而同伴父亲的收入仅对男生产生显著的影响。学校环境与同伴的性别也可能影响学生学习成绩（王进等，2013），惠特莫尔等（Whitmore et al.，2005）发现有力的证据表明，班级中女生比例越高，整个班级学生的成绩越好。拉维和施洛瑟（Lavy and Schlosser，2011）利用以色列的数据分析了班级性别组成的变化对小学、初中、高中学校学生学业表现的影响，发现班级中女生比例越高，班上男生和女生的认知能力均有显著的提高。其作用机制是通过减少班级破坏和暴力、增强同学以及师生间交流、减少老师压力以使得班级整体学习成绩提高。

而在同伴效应影响的定量估计方面，已有大量文献的证据表明，同伴效应在教室内外都存在。很多学者利用小学班级随机化在教室发现了较大的同伴成就效应（Duflo et al.，2011；Kang，2007；Whitmore，2005；Graham，2008），范围从0.20到0.60。也就是说，同伴平均能力每提高一个单位，学生的成绩就会提高0.20分到0.60分。萨科多特（Sacerdote，2011）在他关于同伴效应的综述中指出，从小学到中学，目前关于同伴效应整体均值估计的结果，从减少了0.12个百分点（Vigdor and Nechyba，2007），到增加了6.8个百分点（Hoxby，2000）。整体而言，同伴的平均考试成绩提高了1.0个百分点（Epple and Romano，2011；Sacerdote，2014）。然而，也有部分研究认为教育中的同伴效应很小，甚至对学生的学习成绩没有显著影响（Angrist and Lang，2004；Arcidiacono and Nicholson，2005；Stinebrickner and Stinebrickner，2006；Véronneau et al.，2010；Zimmerman，2003）。因此，在同伴效应对学生的学习成绩影响方面，还需要更多细致而深入的研究。

2.3.3　同伴空间距离对学生成绩的影响

米安色林等（Anselin et al.，2010）认为任何关系的产生都是基于一定空间的，空间距离的邻近会增加学生之间的互动，而学生在空间网络中的互动会促进同伴效应的产生（Liu et al.，2014；Goldsmith-Pinkham et al.，2013）。在同一间教室上课一整个学年的学生可能比一起上课时间更短的学生产生更大的相互影响。即使在看似相似的学术环境中，同伴群体的影响也会产生很大的差异，美国军事学院（Lyle，2007，2009）和美国空军学院（Carrell，Fullerton and West，2009）的研究结果对比就证明了这一点。赫尔等（Hoel et al.，2005）、杰恩和卡普尔（Jain and Kapoor，2015）直接比较了学生宿舍和教室/学习小组的同伴效应大小，发现宿舍的效应更大。库利（Cooley，2010）认为同伴溢出效应在种族内部比跨种族更强烈，相对成绩较好的学生，成绩较差的学生从同龄人的平均成绩提高中获益更大。哈努沙克等（Hanushek et al.，2003）和霍克斯比（Hoxby，2000）的研究表明，课堂内的同伴效应比跨种族的更强。而加利克（Garlick，2018）的研究则表明，宿舍内的同伴效应并不比班级内的强，空间上的接近只在社会关系较近的学生之间产生同伴效应。范登伯格等（Van den Berg et al.，2012）、范登伯格和希勒森（Van den Berg and Cillessen，2015）和通过量化学生之间的座位距离，研究了座位距离对学生的影响，认为离得越近的学生间的交互会更多，认知越积极，影响也会越大，物理距离与学生受欢迎程度之间存在相关关系。范登伯格等研究了同学间的物理距离是否与同伴关系和班级氛围有关。该研究表明学生间的喜欢程度与他们在班上的座位距离有关，受具体座位编排的影响，因此班级座位编排可以作为改善学生间关系的工具。也有文献研究班级座位附近同学的特征对其成绩的影响。如鲁和安德森（Lu and Anderson，2015）的研究发现，座位附近同学的性别对成绩的影响，座位附近是女生比男生对其成绩的提高更有益处。

由于学生在学校的时间基本都是与班级同学在一起度过，只有放学之后才可以自由选择一起相处的朋友，在班级里一般是班主任根据自己的教学经验、偏好和认知等来安排学生的座位。学生往往也要服从班主任的安排。班级座位编排的方式有多种，例如小组分座，以行列分座，"U"形排座等（Wannarka and Ruhl，2008）。不管哪种方式，座位的安排都决定了学生的同桌和周围平时交互联系较多的同学。大量研究分析了教室中接近同伴和老师对于学业表现的影响，研究表明座位位置和学业表现、专心度、注意力行为与师生间交互都有相关性（Hastings and Schweiso，1995；MacAulay，1990；Wannarka and Ruhl，2008；刘慧凤和杨晓彤，2017），但是具体怎样的座位安排与学生间的社会关系有联系还不知道。

2.4　小组网络结构的同伴效应与认知（非认知）能力

本书也分析了小组网络结构中，同伴效应与认知（非认知）能力的关系。关于学习小组的理论研究及实践，最早产生于20世纪70年代后期，美国为全面提升教育教学质量，进行了一系列的尝试和探索。威廉·格拉塞（Wiiliam Glasser，1986）等从观察学生课外活动中得到启示，对小组学习的方式进行了长期的试验和研究，他们发现学生组成合作小组，进行合作学习（Cooperative Learning）对学习很有帮助，而且发现合作学习对学生的学习成绩、人际关系和人格特质都有不同程度的提高。相比传统教学方式而言，学习小组作为合作学习最基本的载体，对学生学习主动性的提高和学生团队精神及创新能力的培养都有着独特的优势（Chen and Gong，2018；Slavin，1988，2003，2010，2015；Stevens and Slavin，1995）。此后，学习小组的理论研究及实践得到大力发展，概括起来主要体现为两种脉络。

一种脉络主要侧重学习小组的理论研究方面。这类文献主要探讨学习小组的形成、规模、类型以及学习效率等问题，以教育学领域的文献为主。如在小组形成规模上，德拉克福德（Drakeford，2012）发现学习小组的规模与小组成员的参与度呈负相关关系，小组规模越大，组员参与程度越低，学习效率也会受到影响。因此小组规模在 2~6 人是最好的，而 4 人组成的小组将最有利于发挥小组的优势（王坦，2005，周俊，2008）。还有学者认为，小组规模并不存在统一的标准，应该更视具体情况来灵活调整，尽可能让更多的人在小组学习中受益（陈向明，2003）。在学习小组的类型划分上，最具代表的是美国学者大卫·詹森和荣格·詹森（David Johnson and Roger Johnson）兄弟，他们认为学习小组有三种形式：合作型学习小组、竞争型学习小组和独立学习小组。学习小组的形式不同，组员目标与小组集体目标的组合不同，由此产生的合力也不同。但大部分学者认为，对学习小组的这三种形式划分的界限并不是绝对的，合作型学习小组中有独立学习的特征，竞争型学习小组也会由于任务的需要而进行合作（王坦，2002）。

另一种脉络主要侧重学习小组的实证研究方面，此类文献更多探讨学习小组对学生学业表现和非认知能力的影响。如荣格·詹森（2011）的多次研究结果表明，合作型学习小组更有利于发展学生的自信心，而学生的自信心与其学习动机正相关，学习动机与自信心对学生学习成绩的提高非常有用。合作学习对学生的自信心提高很有帮助，尤其是在学业和社交方面的自信心提高很大（Slavin，2015；Tran，2019）。斯莱文（Slavin，1999）认为小组合作学习是培养学生综合能力的最佳教学组织形式。秦等（Qin et al. ，1995）发现与竞争学习状态相比，各年龄段的学生在合作学习状态下具备更强的问题解决能力。合作学习对培养学生的深层次思维品质有积极作用，更有助于发展高层次的认知（Piaget，1993；Slavin et al. ，2003；Slavin，2011；Tran，2014）。此外，合作学习小组对非认知能力也有显著的影响。如阿伦森等（Aronson et al. ，2005）以五年级 10 个班的学生为研究对象，随机把学生分为实验班和控制班，实验班采用合作学习小组的教学方式，控制班仍采用传统讲授法进行教学，然后比较六周后实验班与控制班的学生表现，他们发现有学习小组的实验班比控制班的学生表现更好，实验班的学生自信心更强、出勤率更高、对学习兴趣更大、对同学也更友好。汉责和伯格（Hanze and Berger，2007）也做了类似的实验研究，他们随机把学生的物理课班分成实验班与控制班，调查了采用合作学习小组方式学习的实验班，发现相比控制班，实验班的学生合作更多，学生学习动机和兴趣都更强。

上述关于学习小组、学生认知能力与非认知能力的文献，在小组形式上，更多关注的是合作型学习小组对学生综合能力的影响，而对课堂教学中组建学习小组本身的作用机制探讨极少。在研究方法上，国内很多文献采用的是经验分析，国外虽有一些实证研究，但是否对中国农村小学生的教育环境有效，却鲜有论述。从小组组成方式上看，更多的是合作学习小组与随机组之间的比较，对于多种小组构成方式之间的相互比较还缺乏实证数据。本书结合同伴效应对学生影响的理论成果，在中国湖南省隆回县5所农村小学中，采用随机分组与排座实验，估计在班级随机建立学习小组后，学生学习成绩和非认知能力的变化。探讨课堂教学中采用学习小组这种方式的适用性，为合作学习小组在课堂中的推广提供实证依据。

为更好分析学习小组对学生学习成绩的净效应，我们把每个小组的规模控制在6人左右，对学习小组实行捆绑式整体管理，强化小组成员"一损俱损，一荣俱荣"的集体意识，同时增进各小组之间适当竞争。在以往研究的基础上，我们试图在以下方面做出贡献：一是使用含有时间趋势的面板数据动态估计学习小组的影响效应，比较研究学习小组的短期和长期影响，为期一个学期的数据能更系统反映学习小组的长期效果；二是通过随机分组与排座实验，控制了可能存在的内生性问题，采用双重差分法更准确地识别出学习小组所带来的因果效应大小；三是结合同伴效应理论模型，探讨了学习小组内部同伴成绩结构对学生学习成绩如何影响的作用机制。

2.5 本章小结

改善发展中国家农村儿童教育成果，提高儿童人力资本发展水平和未来劳动力市场的竞争力，一直是国际社会持续关注的热点话题，现有文献从宏观政策、社会网络、学校教育、家庭背景、同伴群体等多角度进行了研究和探讨，尤其是近些年运用干预措施来改善儿童学习结果的实验性研究成为发展趋势（Ganimian and Murnane，2016；Evans and Popova，2016；Muralidharan，2017；Paloyo，2020），教学的正确干预对学生的学习产生了巨大而积极的影响（Banerjee et al.，2007；Duflo et al.，2011；Banerjee et al.，2016；史耀疆，2020）。但在中国农村，处于基础教育阶段的环境中，同伴对儿童影响的重要性不言而喻，那么，如何提高小学儿童的学习水平，如何对儿童进行积极引导，降低辍学率，提高儿童心理健康水平和综合能力？儿童同伴群体特别是小群体是如何发挥作用的？深入研究儿童人力资本提高的背后的微观机制不仅是理论上的需要，更成为现实教育工作者及政策制定者的实际参考。

现有文献从社会网络的视角研究同伴效应的文章，无论从理论模型的建立与发展上，还是计量方法上对样本选择问题和内生性问题的处理，基本已得到学术界的认可，由于研究对象、方法、环境等因素，研究者们得出了大量而丰富的结论，为后来者进一步打开了网络中同伴效应研究的"黑箱"奠定了基础，但就现有的研究来看，关于从同伴小组群体的构成方式出发，探讨同伴效应对农村儿童认知能力与非认知能力的影响，以及小组群体中同伴效应产生作用的影响机制还不明朗。本书从社会网络理论与教育中同伴效应研究的视角，分别从网络中心位置与同伴认知能力与非认知能力的表现、网络中不同能力学习者之间的非对称同伴效应和学习小组对儿童认知能力与非认知能力的影响这三个方面，分别对国内外文献进行了梳理。关于从网络结构出发，探讨同伴效应对农村儿童认知能力与非认知能力的影响，现有文献在以下三方面还需进一步探讨。

第一，网络中心位置对儿童认知能力和非认知能力的影响及传导机制的研究。尽管现有文献对网络中心位置与学生影响的文献进行了大量的研究，但从研究对象上看，一般以大学生群体和成年人居多，而以农村儿童为对象，探讨儿童同伴网络中心性与同伴表现的文献极少。从分析视角上看，现有文献要么从整个班级层面分析，忽略了个体间的特点和具体影响，要么只分析个体及邻近同伴的特征对其成绩的影响，忽略了个体所在班级的社会网络环境和结构所带来的影响，对处于中心位置的学生对其他学生的影响尤其是非认知能力的影响及传导机制分析不足。在网络中心性与认知的研究中，现有文献主要从中心性位置、个体特征、座位距离等论述中心性对其自身成绩或行为的影响，而对处于网络中的高中心性群体，他们与其他成员之间的网络距离对其他学生的绩效有何影响，这部分研究目前还十分缺乏。本书在已有文献的基础上，把社会网络的分析方法运用到中国农村小学班级的教育环境中，对社会网络位置进行量化。并且，为全面考察中心性的指标，本书采用了社会网络中6个中心性维度，衡量个体在社会网络中的位置，并分别考察这6个中心性距离对学生学习成绩的影响。

第二，非对称同伴效应与儿童认知能力及同伴分配整体效应的研究。以往关于同伴对学生认知能力影响的文献非常丰富，研究对象从幼儿园到大学，研究范围从学校、年级、班级、宿舍、社区等，大多数文献研究了学生整体平均学业或同伴群体构成（特征、性别、成绩、家庭等）对其他同伴的影响，证明了教育中同伴效应的存在，得到的结果也不完全一致。那么，对于学校管理者和班主任而言，一个实际的问题是如何运用同伴效应提高整体的学习成绩？基于教育中同伴效应研究文献发现，如果学生的学习伙伴平均成绩更高，那么学生的成绩是否应该会提高，反之，若学习伙伴成绩更低，是否成绩会下降？目前的研究探讨了在高、低成绩的同伴网络中，如何通过分配班级不同成绩的学生的座位，在不影响能力较强的学生成绩的基础上，提高能力较弱的学生的成绩，进而使班级总成绩最高？对于这些问题，虽然也有文献进行了探讨，但现有文献多聚焦于对同伴效应的单向估计，缺乏从双向的角度对一个社会群体的非对称效应进行估计。因此，以往对于学校班级内学生之间社会网络微观互动的总体效应缺乏研究，而班级管理者对于座位编排方式的认识也不够清晰，如何通过学生特征进行座位编排，组成最佳学生同伴群体，使同伴之间的总效应最大，也是目前教育中同伴效应研究的一个重要议题。本书通过获取班级学生随机排座后的座位坐标，构造班级网络中学生的空间权重矩阵，采用空间计量模型分别计算了学生周边是高分群体与低分群体的同伴效应，并比较这两种非对称的同伴效应，进行相关的异质性分析。

第三，学习小组的形成及对儿童认知能力和非认知能力影响的研究。基于同伴效应对学生认知能力和非认知能力技能提升方面，先前的文献主要关注同伴的表现和个人特征是否与学生学习成绩相关，对学习小组内微观群体的互动及对认知能力和非认知能力的影响研究不足。部分文献从改进教育教学方式的微观视角，探讨了班级合作学习小组特征与学生非认知技能的关系，但对学习小组如何促进学习结果的机制缺乏论证，以往大多数相关文献关注的是如何利用团队激励（如金钱）提高学习小组的成绩。如伯利姆普（Blimpo，2014）和李等（Li et al.，2014）发现，发展中国家的学生通过接受同伴（团队）激励的可使学习成绩提高。团队金钱激励固然有效，然而由于成本较高而得不到大规模的推广。另外，在学习小组的效果上，大部分文献证明了学习小组对促进学习成绩的积极作用，但关于如何形成同伴群体的建议缺乏实证研究证据。尤其在实验的设计方面，以往文献对实验班中的学习小组构建过程缺乏严格的随机安排，对学习小组影响效应的结论缺乏有力证据，有待进一步考证。此外，对于班级内学习小组的影响机制有待进一步观察，对学生学习结果（人力资本积累）的衡量视角有待拓展。本书衡量的人力资本主要包括认知能力和非认知能力，认知能力是指与个体智力、逻辑推理、记忆等方面的能力，参考现有文献的通行做法，以学生学习成绩来衡量。非认知能力则是情感、社交、自尊和态度等方面的能力（Heckman and Rubinstein，2001）。本书采用戈德堡（Goldberg，1990，1992）的大五人格测试量表测度非认知能力。

本书从班级内学习小组的分析视角，探讨随机形成学习小组后，有学习小组的实验班与无学习小组的控制班，学生在认知能力和非认知能力方面的差异，并分析引起这种差异的原因及小组内部的互动作用机制。在数据上，运用了一个学期的学生成绩和两轮学生社会生活跟踪观察的信息；在方法上，先利用抓阄的方式随机确定实验班和控制班，然后在实验班随机形成学习小组，采用随机实地实验和"双重差分模型"的方法估计在班级建立学习小组对小学生认知能力和非认知能力所产生的因果效应。

第 3 章

理论分析

　　人力资本的思想最早是由古典经济学家亚当·斯密（Adam Smith）在其经典之作《国富论》中提出的，他认为人们通过学习或培训所获得的能力应该是资本的一部分。此后，经济学中对人力资本理论和实践研究持续发展。现代人力资本理论的奠定以西奥多·舒尔茨（T. W. Shultz）发表的系列人力资本的重要文章为标志。加里·贝克尔（Gary Becker）的开创性著作（Becker, 1964；Becker and Tomes, 1994）从微观的角度把教育和培训均纳入人力资本的生产函数，从理论上证明了人力资本中教育的作用。丹尼森（Denison, 1974）实证论证了美国在 1929 ~ 1969 年经济增长中各要素的作用，发现教育对经济增长的贡献占 23%。这些研究成果极大推动了全球各国对教育领域的投资。此后，教育作为人力资本的核心变量，并且是认知能力的代理，一直被众多学者用于人力资本能力的测量。

　　近十几年，以赫克曼（Heckman, 2007）为首的新人力资本理论支持者，将非认知能力纳入人力资本的理论框架。相对传统人力资本理论，新人力资本理论在原有人力资本生产函数的基础上，对能力的内涵进一步拓展，构建了一个基于多维能力的广义人力资本的理论框架。在新人力资本理论中，能力是人力资本的核心，包括认知能力和非认知能力两部分，而教育、健康等被认为是基于自身能力与外部环境进行选择的结果。随着微观计量技术的发展，诸多后来研究对新人力资本理论进行了梳理和完善，提出人力资本可从生产函数形式、家庭偏好、信息资源、学校同伴因素等方面进一步拓展。本章结合社会网络中同伴效应的理论研究成果，以新人力资本中对能力的核心界定为理论依据，把儿童人力资本分为认知能力和非认知能力两个部分，围绕本书所研究的三个主要问题提出基本理论假定，并建立本书的理论框架：首先把同伴因素纳入人力资本生产函数，构建网络中同伴效应对儿童认知能力和非认知能力影响的模型；其次在网络同伴效应模型框架基础上，考虑学生座位周边高认知能力与低认知能力学生的空间溢出，建立空间自回归模型；最后进一步拓展同伴效应的线性均值模型，加入实验组与控制组和时间趋势的交互变量，通过构建 DID 双重差分模型来估计学习小组对儿童认知能力和非认知能力的影响。

3.1 新人力资本理论及拓展

3.1.1 新人力资本理论

早期关于人力资本研究的经济学著作和文献一致认为综合能力是人力资本的核心指标，而由于技术的限制，对于人力资本的衡量往往只是用教育程度和健康状况来衡量（Becker，1964；Spence，1974），教育结果一般用认知能力（通常是智商或学习成绩）来表示，忽略了非认知能力影响。自詹克斯（Jencks，1979）以来，许多研究表明非认知能力在解释学业成就、劳动力市场成功和其他重要生活结果方面的重要性（Heckman and Rubinstein，2001；Flossmann，Piatek and Wichert，2008；Heckman，Pinto and Savelyev，2013；Seagal，2013；Bertrand and Pan，2013；李晓曼和曾湘泉，2012）。库尼亚和赫克曼（Cunha and Heckman，2007）扩展了贝克尔和汤姆森（Becker and Tomes，1986）代际流动模型，用认知能力和非认知能作为儿童能力的代理，建立了儿童能力形成的多阶段模型。

库尼亚和赫克曼（2007）认为儿童人力资本存量由认知能力和非认知能

力构成，若用 θ^C 代表儿童的认知能力，θ^N 代表儿童非认知能力，h 代表人力资本，T 代表时期，则儿童在 $T+1$ 期积累的人力资本可用以下组合表示：

$$h = g(\theta^C_{T+1}, \theta^N_{T+1}) \qquad (3-1)$$

关于早期人力资本的积累对后期能力的获得，库尼亚和赫克曼（2007）提出了人力资本积累的生产函数，认为早期认知能力和非认知能力较强的学生，在以后学习中认知能力和非认知能力更高。他们利用如下方程系统分析了认知结果和非认知结果的演化。

$$\begin{pmatrix} \theta^N_{t+1} \\ \theta^C_{t+1} \end{pmatrix} = \begin{pmatrix} \gamma^N_1 & \gamma^N_2 \\ \gamma^C_1 & \gamma^C_2 \end{pmatrix} \begin{pmatrix} \theta^N_t \\ \theta^C_t \end{pmatrix} + \begin{pmatrix} \gamma^N_3 \\ \gamma^C_3 \end{pmatrix} \theta^I_t + \begin{pmatrix} \eta^N_t \\ \eta^C_t \end{pmatrix} \qquad (3-2)$$

其中，θ^N_{t+1} 表示儿童在 $t+1$ 期的非认知能力，θ^C_{t+1} 表示儿童在 $t+1$ 期的认知能力。θ^N_t，θ^C_t 都表示 t 期的特征向量。η^N_t 和 η^C_t 都表示第 t 期的误差项。根据此模型，儿童在 $t+1$ 期间的认知能力和非认知能力向量，是儿童在前一时期 T 的认知能力和非认知能力存量。因此，儿童人力资本在早期就开始形成包括认知能力、非认知能力、健康状况等多维度能力集。这些不同维度的人力资本状况发展受到早期的人力资本水平、一些固定不变的因素（如不随时间变化的家庭背景等）和一些随时间变化的因素（如学校环境和政策等）的共同影响。对于这些因素，一些是可以被家庭或个人主动选择的，另一些则被认为是外生无法改变的。对于这两类环境因素，其主要区别在于那些固定的因素存在某种主观的选择性，可以称其为人力资本投资，而那些随时间变化的外生的因素则可以被认为是独立于人力资本各维度的一种变化过程。

新型人力资本理论从多阶段的视角去分析人的发展，提出儿童早期是能力积累的关键期；它更加关注人力资本自身的生产过程，相对传统的以健康、教育水平和培训指标代理的人力资本，它更多集中在能力的形成和发展上，提出能力具有多样性，并用认知能力和非认知能力作为人力资本的代表（Heckman，2007；Kautz et al.，2014；李晓曼和曾湘泉，2012）。此外，库尼亚和赫克曼（2007）和库尼亚等（Cunha et al.，2010）从认知能力和非认知能力对能力的形成过程进行了实证分析。通过对儿童两个阶段（0~4岁和5~14岁）认知能力和非认知能力形成的研究发现，认知能力和非认知能力可以解释教育获得的34%，能力的自我生产在年龄大时作用更大，而且确实存在着能力的动态互补，早期发展的非认知能力会影响到后期认知能力的发展。这些结论和使用政策评估以及认知科学领域得到的结论都是一致的。

3.1.2 新人力资本理论的拓展

库尼亚和赫克曼（2007）提出的新人力资本理论，把能力作为人力资本的核心内容，并用认知能力和非认知能力作为能力的主要代理，探讨了人力资本中关于能力的形成过程和机制。在此基础上，现有文献对儿童人力资本的发展进行了进一步深入系统的研究，阿塔纳西奥（Attanasio，2015）及其他学者从人力资本生产函数、家庭偏好、信息和资源、同伴因素等对儿童人力资本背后的形成机制进行了梳理，拓展了新型人力资本理论的内容。

（1）人力资本生产函数

自人力资本形成的新型理论框架（Cunha et al.，2006；Cunha and Heckman，2008；Heckman，2007）被提出后，现有研究对儿童人力资本的研究更进一步。首先，在能力的界定上，更多的学者认同人力资本是一个在早期（如胎儿期）就逐渐形成的多维度概念，这里的多维度主要包括认知维度（认知能力）、社会情感维度（非认知能力）、健康营养状况等。而且，这些不同维度形成的儿童人力资本是不断动态发展进化的，随着时间的推移而变化，促进变化的影响因素主要取决于儿童过去的水平及环境变量。

其次，在儿童人力资本的形成过程和机制方面，现有文献考虑了多个因素影响，并用非线性函数表示人力资本生产函数。由于生产函数各要素之间存在互补性和替代性，当前要素的投入可能是未来收益的主要解释变量，而儿童未来的收益积累又进一步影响下一期生产要素的投入，因而父母对儿童人力资本的投资是内生于生产函数的。当前的投资与未来儿童人力资本积累是一种动态的互补。此外，现有文献也考虑了一些难以观测的要素对儿童人力资本的影响，除了父母主动选择的投资外，儿童也具有自我生产的特性。如自己选择一起玩耍的伙伴，选择参加某项活动等，而同伴效应也成为人力资本生产函数的又一重要因素。

（2）家庭偏好

在拓展的儿童人力资本模型中，一个重要的假设是父母效用最大化，这个目标的实现取决于父母目前的消费水平以及孩子的发展状况。传统的效用函数认为父母的效用是由自己当前的消费水平决定的，现有文献把子女的发展也纳入其中。除了父母既定的消费约束，父母实现效用最大化的另一重要变量是孩子的发展状况。一方面是因为孩子更高的发展意味着更好的福利，儿童在他人交往中有更多的正外部性；另一方面是考虑到发展更好的孩子未来可以给父母提供更好的养老支持。尽管理论上父母追求效用最大化的目标函数，能促进他们对儿童人力资本的最优投资，但在现实生活中并不意味着选择的最优。

第一个需要解决的问题是孩子的数量或生育选择是否纳入基本模型。在家庭资源一定的条件下，是集中资源培养个别孩子，以最大化提高儿童的人力资本水平，还是平均分配给多个孩子，以应对生养过程及老年时不可预知的风险？这也是很多经典文献进行理论探讨和实证研究的子女数量和质量的替代问题（Becker and Lewis，1973；Willis，1973；Becker，1992）。第二个需要考虑的问题是父母对多个孩子的不同偏好。一种观点认为考虑到生产函数的性质，父母可能会最大化地分配家庭总资源，因此可能会给先天禀赋更强、更聪明的孩子投资更多。另一种观点认为基于家庭公平考虑，父母也可能将投资集中在最弱的孩子，以弥补先天的不足，保证后期子女之间的平衡发展。

尽管现有新型人力资本理论把家庭作为一个整体纳入人力资本生产函数中，然而除了家庭因素外，学校里的同伴对农村儿童的孩子禀赋影响也不容忽视，也成为现有文献中关于儿童人力资本影响讨论的重要因素。

（3）信息和资源

父母对儿童人力资本投资的生产函数中，一个明显的限制是父母可获得资源。父母可以获得的资源取决于父母自身的人力资本水平和工资收入，而这些又受到各种因素的影响和冲击。如整个经济范围内的价格和工资变化，生产大环境的改变等，因此，父母对儿童进行人力资本投资以实现自身的效用最大化，会受到不完全信息的影响，因而可能会错误估计某些类型的投资回报（Attanasio，2015）。而很多文献经常忽视了信息的因素，多基于完全信息的假设。在阿塔纳西奥（2015）模型的基础上，伯尼瓦和劳（2018）把父母的信念作为影响目标函数最大化的资源。他们发现父母对儿童未来收益的信念，将影响他们当期的实际投入决策和家庭收入，而且父母认为儿童后期的人力资本投资回报率相较早期高，因而会把家庭资源更多地投入到后期。

（4）学校同伴因素

新型人力资本理论以能力为核心，把学生的能力分为认知能力和非认知能力，构建了人力资本的生产函数，后期研究拓展把家庭偏好、信息和资源、父母信念等因素引入人力资本的发展模型。然而，科尔曼等（Coleman et al.，1996）研究发现，学校投入和同伴效应正成为影响儿童人力资本的重要因素，而同伴效应对儿童的影响仅次于家庭因素。然而，现有研究在构建儿童人力资本生产函数和人力资本发展时，对学校同伴效应因素关注较少。除家庭因素外，农村基础教育阶段的儿童，在学校与班级同学相处的时间更长，同伴对儿童的学习成绩、行为习惯、团队合作等能力表现有直接影响（Jain and Kapoor，2015；Berthelon et al.，2019；Bietenbeck，2020）。同伴因素对儿童人力资本积累影响的机制解释方面，艾泽（Aizer，2008）发现在保持同伴成就不变的同时，可以通过改善同伴行为来提高学生的成绩。班级网络中的同伴群体，互动交流频繁，在班级网络中，每个学生可看成网络中的一个节点，节点与节点的亲密度（关系好坏），节点在网络中的位置（中心性），节点之间的联系紧密度（团队学习）等，也可能影响儿童的认知和非认知能力。最近大量增长的研究网络中同伴效应与认知能力和非认知能力文献，同伴因素通常是作为一个重要变量纳入能力的生产函数框架中（Feld and Zölitz，2017；Vargas，2018；Gong et al.，2019；Beugnot et al.，2019）。

3.2 社会网络中同伴效应识别模型

近年来，社会网络理论提供了一个概念性和实证性的框架来分析社会关系，包括同伴效应及其在不同社会背景下的影响。在教育中，已有大量文献证明了同伴效应对学生的教育结果有显著作用。在班级范围内，学生之间由于深入而频繁的交流互动，同伴效应对学生成绩的影响更是不容忽视（Patacchini et al.，2011；Vaquero and Cebrian，2013），而关于网络中同伴效应的方法论研究，一般来说，现有文献可分为两种不同的路径：第一种路径是对网络中同伴效应的数学建模，这类研究侧重于证明理论模型对同伴效应的适用性问题，如杰克逊（Jackson，2008）主要研究了社会互动中，同伴群体的长期行为与均衡问题；第二种路径是对网络中同伴效应的统计识别与估计方法的说明。本章主要从第二种路径探讨网络中同伴效应的识别模型。

现有网络理论的研究认为，由于人们在选择朋友时，会受到选择、机会和基因三个因素的影响[①]，因此，同伴网络中的朋友关系并不是随机形成的，这种网络中固有的内生性问题也使同伴效应的识别存在困难。依据数据结构的不同，在具体处理网络中同伴效应的识别与内生性问题处理上，现有模型大致可分为四组。

3.2.1 静态模型

现有同伴效应的研究模型中，如果从因变量是否为连续型变量来看，可分为经典的均值线性模型（linear-in-means model）和二值模型（binary model）两类。均值线性模型最先由曼斯基（Manski，1993）提出，后面经过很多研究者的不断发展与完善，是同伴效应分析中运用比较普遍的模型（Weinberg，2007；Bramoullé et al.，2009；Graham and Hahn，2005）。均值线性模型假定同伴的结果不仅由自身特征决定，还由其同伴群体的特征

---

① 选择是指人们会根据自己的偏好与自主性（automomy）去选择交往的伙伴，朋友关系的形成是建立在功利性考量的基础之上的（Jackson and Wolinsky，1996；Bala and Goyal，2000；Christakis et al.，2010）。机会是指控制人们相识或知晓的机会结构（opportunity structure），即朋友关系的形成不仅取决于人们的偏好与选择，同时也取决于相识与互动的可能性和次数（Zeng and Xie，2008；Marmaros and Sacerdote，2004）。基因在朋友行为与其社会网络特征之间的关联发挥了重要作用（Madden et al.，2002；Fowler，2007）。

和结果的均值决定。假定一个同伴群体中只有两个学生 i 和 j，则可建立如下方程组：

$$Y_i = \alpha_1 X_i + \alpha_2 X_j + \beta Y_j + e_i \qquad (3-3)$$

$$Y_j = \alpha_1 X_j + \alpha_2 X_i + \beta Y_i + e_j \qquad (3-4)$$

将上述联立方程组进行简化，可得到以下模型：

$$Y_i = \frac{\alpha_1 + \beta\alpha_2}{1-\beta^2}X_i + \frac{\alpha_2 + \beta\alpha_1}{1-\beta^2}X_j + (be_j + e_i) \qquad (3-5)$$

对于式（3-5）的估计，由于外生解释变量只有两个，而待估计的参数（α_1、α_2 和 β）有三个，所以需要对上述模型中的参数作出进一步的假定，才能识别出联立方程组中参数。假定式（3-3）中的 $\alpha_2 = 0$，可用间接最小二乘法（Indirect Least Squares，ILS）得到一个同伴效应系数 β 的估计值。若存在一个以上的外生变量，通过对 Y_i 和 Y_j 使用工具变量（IV），就可避免外生协变量与误差项之间的相关性。

由于同伴效应有传递性（transitive）和同时性（simultaneity）两个特征，传递性指的是学生 k 是学生 j 和学生 i 的一个共同的朋友，Y_k 对 Y_j 和 Y_i 都有影响，也使 Y_i 和 Y_j 之间产生影响。同时性指的是 Y_j 在影响 Y_i 的同时，Y_i 也影响着 Y_j，同时性的存在使得普通最小二乘法对同伴效应的估计是有偏的。因此，文献中一般用豪斯曼检验（Hausman test）来查验同时性，也有研究认为预测项与结果项之间的非线性可以解决同伴效应中的同时性问题（Brock and Durlauf，2007），或者使用间接最小二乘法（ILS）或两阶段最小二乘法（2SLS）都可以得到同伴效应的有效估计量。如布罗姆利等（Bramoullé et al.，2009）利用健康调查的数据，估计了中学生参加艺术、体育和社会活动群体网络中的同伴效应。他们将没有与学生直接接触且相互没有过交流的第三方（如朋友的朋友）的结果用作工具变量去识别同伴效应。他们假设学生 i 和学生 j 是朋友，学生 k 是学生 j 的朋友，但学生 k 只影响学生 j 而不影响学生 i，这样学生 k 就是与学生 i 没有直接交互的间接接触者。如果把学生 k 当成学生 j 的工具变量，就符合相关性与外生性的条件，那么就能识别出学生 j 对学生 k 的影响，这种方法也适用有固定网络效应的情形。

另一类是因变量结果用二值来衡量的二值模型，通常用 Logit 或 Probit

模型去估计同伴效应（Brock and Durlauf, 2007；Van den Bulte and Lilien, 2001；Krauth, 2006；Feld and Zölitz, 2017）。以下是 Logit 模型：

$$\text{log}it\big[\,P(\,Y_i=1)\,\big] = \ln\Big[\frac{P(\,Y_i=1)}{P(\,Y_i=0)}\Big] = \alpha_1 X_i + \alpha_2 X_j + \beta Y_j \qquad (3-6)$$

$$\text{log}it\big[\,P(\,Y_j=1)\,\big] = \ln\Big[\frac{P(\,Y_j=1)}{P(\,Y_j=0)}\Big] = \alpha_1 X_j + \alpha_2 X_i + \beta Y_i \qquad (3-7)$$

似然函数可以写为：

$$L(\,Y\mid X,\alpha_1,\alpha_2,\beta) = \prod_{i=1}^{n} \Big[\frac{1}{1+e^{-(\alpha_1 X_i+\alpha_2 X_j+\beta Y_j)}}\Big]^{y_i} \Big[\frac{1}{1+e^{-(\alpha_1 X_i+\alpha_2 X_j+\beta Y_j)}}\Big]^{1-y_i}$$

$$(3-8)$$

以上静态模型所估计的同伴效应有个假定，即社会网络与嵌入其中的社会行为是固定的，这样估计出的同伴效应结果可能是共同的环境因素带来的，而不是同伴的影响造成的。但是，由于社会网络中节点之间的关系会经常发生变化，网络中个体的行为也在变化，所以假定社会行为是固定的不符合实际估计的需要。动态模型综合考虑网络与行为的共同变化，这样能区分出同伴选择与同伴影响，估计出真实的同伴效应大小。因此，动态模型对解决或缓解同伴网络中的"选择"与"同时性"问题更具有优势。

3.2.2　动态模型

与静态模型的假定不同，动态模型在估计同伴效应时假定社会网络中的网络结构与个体行为都是变化的，因此需要把网络的变化与个体行为共同放入模型中，从而把同伴效应从社会总效应中分离出来，得到同伴效应的精确估计。典型动态模型有三种，第一种是动态 Logit 模型，第二种是固定效应模型，第三种是随机模型。

关于动态 Logit 模型的典型应用，如克里斯塔基斯和福勒（Christakis and Fowler, 2007, 2008）分别研究了网络中肥胖的传染性和幸福在大型网络中动态传播的问题。福勒和克里斯塔基斯（2009）运用网络连接数据追踪人们在社交网络中的孤独感地形，并识别出孤独感通过社交网络传播的路径。这些学者建立了如下动态模型：

$$logit[P(Y_{it}=1)] = \alpha_1 X_{it} + \gamma Y_{it-1} + \beta_1 Y_{jt} + \beta_1 Y_{jt-1} + e_{it} \qquad (3-9)$$

$$logit[P(Y_{jt}=1)] = \alpha_1 X_{jt} + \gamma Y_{jt-1} + \beta_1 Y_{it} + \beta_1 Y_{it-1} + e_{jt} \qquad (3-10)$$

但寇恩-科莱亚和弗莱彻（Cohen-Colea and Fletcherb，2008）认为动态 Logit 模型估计了相关效应，而对情境效应忽略了，可能导致同伴效应的估计结果比真实值大。

为避免同伴效应模型估计中对变量偏差与选择偏差忽略的问题，也有学者用固定效应模型来估计网络中同伴的影响。如南达和索伦森（Nanda and Sorensen，2008）使用工作中雇主和雇员匹配的面板数据集，研究了个体之前的职业生涯经历对同事创业活动的影响。马斯和莫雷蒂（Mas and Moretti，2009）研究了工作中同伴的生产效率对个体生产结果的影响。具体到教育中的同伴，我们假设存在变量 U_{ij} 表示学生 i 和学生 j 具有共同的环境要素，存在另一变量 S_{ij} 表示学生 i 和学生 j 打算形成某种关系的倾向，用 G_i 表示时间固定变量，则可建立如下的动态线性同伴效应模型：

$$Y_{it} = \alpha_1 X_{it} + \alpha_2 X_{jt} + \beta Y_{jt} + \theta_1 U_{ijt} + \theta_2 S_{ijt} + \theta_3 G_i + e_{it} \qquad (3-11)$$

式（3-11）两边都减去前面的值，得到一阶差分估计量：

$$\Delta Y_{it} = \alpha_1 \Delta X_{it} + \alpha_2 \Delta X_{jt} + \beta \Delta Y_{jt} + \theta_1 \Delta U_{ijt} + \theta_2 \Delta S_{ijt} + \Delta e_{it} \qquad (3-12)$$

在式（3-12）中，时间不变量 G_i 的效应被差分掉了。对于此方程的估计，有两种情况：

第一，若假设 U_{ijt} 和 S_{ijt} 都不随时间而变，则它们的效应也会被差分掉，式（3-12）就可以简化为：

$$\Delta Y_{it} = \alpha_1 \Delta X_{it} + \alpha_2 \Delta X_{jt} + \beta \Delta Y_{jt} + \Delta e_{it} \qquad (3-13)$$

第二，若假设 U_{ijt} 和 S_{ijt} 是随时间变化的变量，且不能被直接观测或测量，则式（3-13）的估计一般有两种解决方式。一是利用相关的代理变量表示这两个不能直接观测到的变量。如 ΔU_{ijt} 表示环境变化的变量，可以用学生 i 和学生 j 周边环境变化（如学校设施、空气质量等）的结果均值来代理。ΔS_{ijt} 表示关系变化，一般用朋友关系形成的预测概率来解释朋友关系选择的情况。二是利用工具变量来代理两个不能直接观测到的变量。但工具变量的合理性与适用性也通常备受质疑，合适的工具变量往往较难找到。如对于 ΔU_{ijt} 环境变化的工具变量，可以用学生 j 不住同一地区的兄弟姐妹的结果作为学生 j 的结果，但 ΔS_{ijt} 表示学生关系预测的工具变量就很难界定了。

由于工具变量选取困难且备受争议，斯尼德斯（Snijders，2001）和斯尼德斯等（2010）提出一种基于行动者的随机模型，旨在将同伴网络的形成与同伴影响（行为变化）联合起来建模。他假设同伴网络变化与行为的变化是两个独立的连续时间马尔科夫链过程[①]。这两类变化的频率是由两个比率函数决定的，一个函数决定一个频率：λ_N 决定网络变化频率，λ_B 决定行为变化频率。假定任何变化的等待时间都遵循着一个指数分布：$P(T>t) = e^{-(\lambda N+\lambda B)}t$，将研究对象的协变量与网络位置都包含在比率函数中，则不同的对象就有不同的 λ 值，可将随机网络模型与行为模型结合在一起建立如下模型：

$$f_i^N(w,w',z) = \sum_k \beta_k^N s_k^N(i,w,w',z,z') \qquad (3-14)$$

$$f_i^B(w,w',z) = \sum_k \beta_k^B s_k^B(i,w,w',z,z') \qquad (3-15)$$

其中，w 和 w' 分别表示学生 i 及其同伴的网络统计量，z 和 z' 分别表示学生 i 及其同伴的协变量（包括行为测度），该随机网络与行为模型可从同伴影响中识别出同伴选择，能得到干净的同伴效应估计。但由于随机网络模型在模型的建立和计算方面过于复杂，对参数要求比较高，通常需要用随机模拟技术对参数进行估计。此外，随机网络模型的假定条件比较苛刻，假定一个社会网络在任意时间只能发生一种变化，而通常情况下社会网络中有多种变化，因此该模型在现实估计中并不常用。

3.2.3 实验室实验与自然实验

上述关于同伴效应的识别模型与方法一般体现在数据分析过程中，而实验室实验与自然实验更多从实验设计者的角度，根据实验需要提前设计或采集数据，对实验研究的问题往往也更有针对性。一般从分配策略上可

---

① 连续时间马尔科夫链是一种状态空间随机转换的过程，指在给定当前知识或信息的情况下，当期以前的历史状态对于预测当期以后的未来状态是无关的，下一个状态只决定当前状态。因此它具有无记忆性，状态空间是离散的，其状态发生变化的时间是任意时刻，并且是连续值的特点。

把现有实验分为两类。

一类实验是对实验对象进行随机分配处理策略（randomly assigning policy treatment）。随机分配实验需要提前设计好实验的内容和过程，实验中特殊注意事项，如何保证实验过程中结果的真实和随机性，以便得到真实的同伴效应估计。因此，需要在总体实验中对处理组与控制组进行精心设计。对于同伴效应的估计，有两个思路，一个思路是估计控制下的同伴效应（peer effects under control，PEC），另一个思路是估计处理下的同伴效应（peer effects under treatment，PET）。具体方法是把参与实验的学生分为处理组与控制组，在处理组中，假定只对一部分学生实施了实验，实验结束后的结果均值为 R_{mty}，另一部分学生没有实施实验，实验结束后的结果均值为 R_{mtn}；在控制组中，所有学生都没有实施实验，结果均值为 R_{mc}，那么 $R_{mtn} - R_{mc} = PEC$。而在处理组中把实验学生分为两个网络小组，一个是随机分配小组成员，成员之间相互没有关联，假定结果均值为 R_{mtr}，另一个是把有关联的成员（朋友或同事）分成一组，假定结果均值为 R_{mtf}，那么 $R_{mtr} - R_{mtf} = PET$。关于 PET 的实证研究，如福尔克和奇诺（Falk and Lchino，2006）比较了独立工作和与伙伴一起工作的工人，发现与伙伴一起工作的工人具有更高的生产率；哈特曼（Hartmann，2008）也发现，如果参与健身激励的学生在健身房受到此正向激励的朋友较多，他们去健身房的次数也较多。

另一类实验是随机分配朋友给实验对象来估计同伴效应（Booij et al.，2017；Garlick，2018）。随机分配的目的是排除选择问题，但不一定排除了干扰问题。如我们随机给学生分配室友，得到学生和室友之间的学习成绩是正相关的，由于室友是随机分配的，所以排除了学生因为选择了与自己学习成绩相似的学生做室友的可能性。但并不能排除由于学生与室友有着共同的老师、共同的生活环境而导致成绩之间的相关性，因此在实验时必须特别关注减轻共同环境因素效应的问题，这样才能获得对同伴效应的良好估计。

3.2.4 模拟研究

在网络同伴效应研究中，模拟研究也是一种常用的重要方法。由于模拟方法允许研究者根据研究的需要和意愿，对社会网络的相关特征进行控制和处理，因而模拟研究提供了一个对同伴效应进行建模与识别的灵活工具。克里斯塔基斯和福勒（2007）使用纵向统计模型检验了一个人的体重增加是否与他（她）的朋友、兄弟姐妹、配偶和邻居的体重增加有关。他们通过模拟 Alter 系统的第一阶差分计算出了 95% 的置信区间，使用 1000 组随机抽取的系数协方差矩阵估计值，并假设所有其他变量的平均值都是双侧的。他们发现一个人的体重增加依赖于其社会关系的性质，被其他人提名为朋友的人对提名者有影响，而对被提名者没有任何影响。因此，可以用社会关系的方向性识别策略，把同伴效应从社会总效应中区分开来。

此外，在动态网络数据中，阿纳格诺斯托普洛斯等（Anagnostopoulos et al.，2008）提出用"重置检验"（shuffle test）来对同伴效应进行重新检验，系统研究了用户社会关系对同伴行为影响的相关性与因果关系的区分问题，他们还根据动态网络模型在一个真实的社交网络（来自 Flickr）上随机生成的节点动作进行了模拟测试。阿纳格诺斯托普洛斯等（2008）认为如果社会关系对用户行为确实发挥了作用，重新设置同伴行动的时机时，同伴效应的估计值就能测量出来。反之，如果社会关系对同伴行为没有影响，不管怎么重置同伴行动的时机，估计值都会非常接近。巴尔（Bahr，2009）基于网络的交互模型，模拟肥胖是如何在社交网络中传播的，并预测大规模体重管理干预的有效性。模拟显示，具有相似体质指数（body mass index，BMI）的个体会倾向聚类并且越来越胖，而针对处于群体边缘的有良好关系/或正常体重的个体的干预可能会迅速阻止肥胖的蔓延，如与朋友的朋友一起节食通过改变群的边界可以在某种程度上更有效。巴尔（2009）利用模拟法研究了肥胖症的社会传染，发现具有相似体质指数的个体会倾向聚类并且越来越胖，而对群体类边缘上有着正常体重的个体进行干预时，就可以中止肥胖症的蔓延。付（Fu，2011）模拟研究了社会网络中同伴如何影响个人接种疫苗的选择行为，采用进化博弈论的方法，探索个体模仿行为和群体结构在疫苗接种中的作用，从而达到个体自愿接种实现对传染病的广泛免疫。

3.3 本书的理论分析框架

本书基于社会网络中同伴效应模型，分析了同伴在班级网络中的组成结构对儿童认知能力和非认知能力的影响。具体地，本书分析了班级网络中处于中心位置的学生对其他学生学习成绩的影响，由于网络影响的反身性特点，本书进一步探讨了班级学习成绩较高的同伴与学习成绩较低的同伴之间的非对称同伴效应，并研究了班级随机组成的学习小组对学生认知和非认知的影响。由于本书研究的是基础教育阶段的农村儿童，他们大部分时间都是在学校度过，特别是与班级同学的交流互动更加频繁和密切，因而儿童人力资本的提升除了受家庭因素影响外，班级同伴的影响更是不容忽视。

3.3.1 基本模型设定

本书在均值线性模型（Manski，1993；Weinberg，2007；Graham and Hahn，2009；Bramoullé et al.，2009）的基础上，基于库尼亚和赫克曼（2007）的新型人力资本的视角，将同伴效应的影响纳入教育生产函数的分析框架，分析班级同伴效应对儿童认知和非认知的影响。本书将学生个体认知和非认知结果与个体特征、同伴特征、环境影响及同伴对个体影响的内生效应联系起来，建立如下同伴效应的线性模型：

$$Y_{ir} = \lambda_0 E(y_\gamma \mid \gamma) + \beta_1 E(x_\gamma \mid \gamma) + \beta_2 x_{ir} + \epsilon_{ir} \qquad (3-16)$$

其中，Y_{ir}代表学生 i 在班级 r 的认知能力与非认知能力结果，$E(y_\gamma \mid \gamma)$ 是班级学生平均认知与非认知结果，$E(x_\gamma \mid \gamma)$ 是班级学生的平均特征。x_{ir}是学生 i 在班级 r 的特征变量，包括学生个体特征、家庭背景、学校特征等，ϵ_{ir}是误差项。λ_0测量了学生受班级同伴影响的程度，β_1 测量了环境效应，即受到同伴特征影响的系数。

若把式（3 – 16）进行简化，可得到以下两式：

$$Y_{ir} = \frac{\lambda_0 \beta_1}{1 - \lambda_0} E(x_\gamma \mid \gamma) + \frac{\lambda_0 \beta_2}{1 - \lambda_0} E(x_\gamma \mid \gamma) + \beta_2 x_{ir} + \epsilon_{ir} \qquad (3 – 17)$$

$$Y_{ir} = \left(\frac{\beta_1 + \lambda_0 \beta_2}{1 - \lambda_0} \right) E(x_\gamma \mid \gamma) + \beta_2 x_{ir} + \epsilon_{ir} \qquad (3 – 18)$$

值得注意的是，式（3 – 18）中虽然可以估计出同伴效应对学生认知能力与非认知能力的影响，但由于班级学生在互动中固有的反身问题（Manski，1993），即学生受到班级其他学生平均特征的影响，同时班级学生也受到学生特征的影响。$\left(\frac{\beta_1 + \lambda_0 \beta_2}{1 - \lambda_0} \right)$ 和 β_2 都可以估计出来，但不能把内生效应系数 λ_0 从环境效应系数 β_1 中分离出来，由于班级学生平均认知与非认知结果是班级学生平均特征 $E(x_\gamma \mid \gamma)$ 的线性函数，因此，学生个体的结果与班级的平均结果之间的任何相关性可能只是反映了班级平均特征的影响。

为解决均值线性模型估计同伴效应所产生的内生问题，本书采用随机实验方法识别同伴互动效应。在开学初，给学生随机分配座位，对实验过程进行实时跟踪，而随机实验的方法通常是处理内生问题的方法之一（Angrist and Lavy，1999；Sacerdote，2001；Zimmerman，2003；De Giorgi, Pellizzari and Redaelli，2007）。此外，考虑到班级同伴效应的网络特征，本书结合网络中同伴效应估计模型，在布罗姆利等（Bramoullé et al.，2009）的理论框架下，并把随机排座的变量纳入模型中，建立以下网络中的同伴效应模型：

$$Y_i = \alpha + \gamma x_i + \delta \frac{1}{d_i} \sum_{j \in N_i} x_j + \beta \frac{1}{d_i} \sum_{j \in N_i} y_j + \epsilon_i \qquad (3 – 19)$$

其中，Y_i 表示学生 i 认知和非认知的结果变量，参数 α 表示截距项，γ 是个体效应，δ 表示班级网络中的同伴效应，β 表示估计出的内生性同伴效应。x_i 表示学生 i 的特征变量，N_i 表示班级网络中影响学生 i 的群体数，群体网络规模 $d_i = |N_i|$。用 G 表示如下的交互矩阵：$g_{ij} = \frac{1}{d_i}$ 如果 $j \in N_i$ 并且 $g_{ij} = 0$，ϵ_i 是误差项且假定 $E(\epsilon_i \mid X, G) = 0$。在随机排座的同伴效应线性均值模型中，班级每个学生的认知和非认知结果取决于他们自己的特征、同

伴的特征和同伴的结果。由于在估计中假定班级中 $E(\epsilon_i \mid X,G)=0$，因此每个学生的特征集 X 和网络交互矩阵 G 相对结果 Y_i 都是外生的。因此，用此模型估计解决了网络同伴效应中把内生效应从环境效应中分离出来的相关性问题。

3.3.2 基本假定与理论框架

本书通过随机排座的田野实验，分别分析了班级网络中心学生对其他学生的影响、座位周边群体的高分—低分学生之间的非对称影响以及随机学习小组对学生的影响，表现为三种不同的网络结构形式，因此本书在现有理论的基础上，假定同伴效应也是影响儿童人力资本的主要变量，拓展出三个问题：

问题1：同伴效应估计的经典均值线性模型（Manski，1993）认为，学生在班级网络中的相互作用，受到班级学生平均同伴特征和结果的影响，但社会网络理论观点表明网络中心位置的学生影响不同。那么，班级高中心性学生对其他学生的影响是否更大？

问题2：由于学生在班级网络中的交流和互动非常频繁，尤其是座位附近的学生，由于位置的便利性互动更多。但处于网络不同地位的学生相互之间的影响可能不同，那么，基于成绩的能力较强的学生与能力较弱的学生之间的非对称影响如何？

问题3：进一步，若随机组成的座位周边学生，以小组的网络形式进行互动交流，在形式上组织在一起，凝聚力相对更强的小组网络结构，是否更有利于儿童人力资本水平的提升？如果可以提升，是通过何种机制发挥作用？

对以上三个问题的探讨和回答，构成了本书理论与实证分析的主体框架，结合同伴效应与社会网络交互理论，本书把网络中的同伴效应因素纳入新人力资本理论的基本框架，并考虑三种不同网络结构形式下，网络同伴效应对儿童认知能力和非认知能力的影响。由此，参照库尼亚和赫克曼（2007）技能形成理论模型中对儿童人力资本生产函数的设定，本书把网络中同伴效应对儿童人力资本影响的方程表示为：

$$Y_t^i = G \circ f(P_t^i, S_t^i, E_t^i, H_{t-1}^i, e_{i,t}^x; \pi) \tag{3-20}$$

其中，Y_t^i 表示学生 i 在 t 期的认知和非认知的结果变量，G 为班级网络结构，P_t^i 表示学生 i 的家庭背景，S_t^i 表示学校因素，E_t^i 表示同伴因素，H_{t-1}^i 代表学生在 $t-1$ 期的人力资本水平，$e_{i,t}^x$ 表示全部环境控制变量和误差项，π 表示参数。

在式（3-20）设定的基础上，本书在第 4 章给学生随机分配座位后，用其他学生离中心学生的平均物理距离为核心解释变量，并控制影响学生结果的个体特征、家庭特征和学校特征变量，估计班级学生离中心学生之间的距离与学习结果的影响。设定以下估计模型：

$$Y_t^i = \varphi(P_t^i, S_t^i, yN_i, H_{t-1}^i) + \psi(E_t^i, xN_i) + e_{i,t}^x \tag{3-21}$$

其中，N_i 表示班级网络中影响学生 i 的群体数，φ 与 ψ 表示估计的参数。此式表明学生会受到家庭、学校特征的影响，同时也受到网络中同伴的影响。

进一步，本书第 5 章分析了学生座位周边是能力较强的学生或周边是能力较弱的学生的非对称同伴效应大小。尽管本书对班级学生座位进行了随机分配，但为了避免均值线性模型的局限性，本书考虑了群体互动环境中具有个体特定社会互动的空间自回归（SAR）模型。与曼斯基（Manski，1993）模型只关注模型的确定性部分不同，SAR 模型还包含了空间相关的误差项信息，即空间相关的误差项。李（Lee，2007）证明了当外生回归变量没有提供足够的信息来识别模型时，可以利用空间误差项中包含的信息来识别内生相互作用的系数。因此，SAR 模型在社会互动估计中可能是一种很有吸引力的方法。本书进一步扩展了李（2007）的模型，将群体互动情景下更真实的非对称社会互动模式纳入其中。建立如下空间自回归模型：

$$Y_r = \lambda_0 W_r Y_r + W_r X_r \beta_1 + \beta_2 X_r + \iota_r \alpha_r + \epsilon_r \tag{3-22}$$

其中，Y_r 为班级 r 学生的结果变量，X_r 为学生的特征变量，W_r 表示班级学生数为 m 的 $m_r \times m_r$ 行标准化空间权重矩阵，ι_r 是 m_r 维向量，λ_0 表示内生效应，β_1 代表外生效应，α_r 测量了班级中不随时间变化的固定效应，ϵ_r 是空间误差项。本书把每一个学生看成班级网络中的一个节点，由随机排座后的学生座位行与列，构造出学生座位的空间权重矩阵。然后比较在同一班级中，学生周边是能力较强的与能力较弱的同伴效应有什么不同，分析同一群体非对称的同伴效应，进一步探讨不同性别、家庭经济地位、非认知水平的非对称同伴效应异质性，以及可能产生的机制。

对于第三个问题的回答，本书第 6 章进一步考察了在班级中随机组建学习小组后，对学生学习成绩和非认知能力的影响，并分析学习小组内部的最优构成。在同伴效应线性均值模型基础上，加入实验效应与时间趋势，采用双重差分（DID）方法对比实验组和控制组在组建学习小组前后的变化来评估实验干预的效果，拓展后的模型如下：

$$Y_t^i = \delta G_i R_t + \beta_1 G_i + \beta_2 R_t + \beta_3 X_t^i + e_{i,t}^x \qquad (3-23)$$

其中，Y_t^i 表示学生 i 在 t 期的认知和非认知的结果变量，$e_{i,t}^x$ 表示全部环境控制变量和误差项，G_i 表示是否组建学习小组的变量，若是组建学习小组的实验组，则取值为 1，若是无学习小组的控制组，则取值为 0；R_t 表示时间趋势变量，X_t^i 表示学生 i 在 t 期的一系列控制变量，$e_{i,t}^x$ 表示全部遗漏变量和误差项，参数 δ 即是采用学习小组实验干预后的效果。

本书在原有理论的基础上，通过实验设计和方法的运用，克服班级网络中同伴对学生认知与非认知影响的内生性问题，建立相应的理论模型，并探讨产生影响的渠道和机制。

第 **4** 章

社会网络中心性与儿童人力资本

　　学生的学习成绩在很大程度上反映了学生所积累的文化知识、阅读能力、逻辑思维能力和表达能力等，是中国家庭、学校和学生共同关注的人力资本问题。科尔曼等（Coleman et al.，1986）研究发现，影响学生成绩最主要的因素是家庭背景和同伴效应（peer effects）。同伴关系被视为学生个体的社会网络，是影响教育产出质量的关键因素（Arnott et al.，1987）。同伴对学生成绩的影响效应广泛存在宿舍、班级、年级以及学校内（Hoxby，2000；Hanushek et al.，2003；Ding and Lehrer，2007）。对小学生而言，其日常交往的同伴通常集中在一个班级内，班级里同学之间的交流广泛而深入，形成了密切交往的网络，这对学生的学习成长影响较大（Carrell et al.，2013；Lu and Anderson，2015）。然而，对于学生在班级内形成的社会网络及其同伴影响的作用机制目前仍然是一个"黑箱"，缺乏理论和实证研究。在班级网络中往往存在重要的节点学生以及与节点之间的联结，分析重要节点与普通节点之间的关系有助于理解班级社会网络的构成和作用。这需要我们深入班级社会网络内部，研究网络结构中处于高中心性（centrality）地位的学生对与其座位距离不同的同伴学习成绩的影响。

　　本章从社会网络分析的视角，在对班级内随机座位编排的基础上，重点分析社会网络内中心性最高的那部分学生对其他学生成绩的影响，探讨微观环境下，班级内社会网络距离与学生成绩的关系。研究发现班级里学生之间的座位编排对于学生成绩影响显著，且离班级高中心性学生坐得越近，学生成绩会显著提高。

社会网络中心性识别与测量

社会网络（social network）社会网络是社会行动者（social actor）及其社会关系之间的集合（Link，2001），所以社会网络分析一般侧重于人们之间互动与联系的关系研究，而不是行动者本身（林聚任，2009）。中心性是社会网络分析中判定网络节点重要性的指标，网络节点与节点之间的距离，便是社会网络距离。本章中每个班级是一个互动频繁的社会网络，每个学生 i（班级内任意一名学生，下同）是一个节点，通过UCINET 软件可计算每个学生的中心性，即其在班级这个社会网络中的位置。一般而言，处于网络中心的学生对其他学生往往具有更大的影响力（Hahn et al.，2015）。为保证研究结果的稳健性，本章采用社会网络分析法中的 6 种中心性指标，分别分析社会网络中，与高中心性学生之间的座位距离和成绩的关系。座位距离将参考伊冯等（Yvonne et al.，2012）的做法，即任意两个学生之间的网络距离，以课桌椅和过道的数量来计算。

4.1.1 班级高中心性学生的识别

本章主要考察班级社会网络中，学生 i 与高中心性学生的平均物理距离对其学习成绩的影响，因此，高中心性学生的筛选及平均物理距离的测量，是本实验中需要收集及处理的关键数据。本章中心性的度量采用的社会网络分析法，即先通过问卷调查出班级网络中最受欢迎的学生，识别出班级同学之间的关系，然后根据学生的选择，可以看到班级中哪些学生最受欢迎，处于网络中心地位，哪些学生处于网络边缘位置，通过网络分析图了解班级学生的人际关系网络，进而了解个人在群体中的地位。不同地位的人在群体中拥有的权力不同，这里的权力指群体中成员之间关系的依赖程度，或者说一个社会行动者对他者的影响力大小。社会网络分析一般用中心性来定量研究权力（刘军，2004）。

在班级社会网络中，每个学生处在网络中的位置是不同的，有的学生被同伴选择得更多，而有的学生被同伴选择得更少，那些被同伴选择更多的学生往往是班级网络中处于更中心位置的学生，因此备受其他学生的关注，对其他学生的影响力较大，也常居于网络核心地位。反之，得到他人选择越少的人越处于网络边缘。按照这种思路，本章在识别"中心性"学生时，先通过问卷中测度社会网络的问题"每一个学生提名班上关系最好的三个男生和三个女生"，让学生提名班上关系最好的三个男生和三个女生。然后根据学生间是否提名而形成关系矩阵，把原始数据处理成标准的 N×N 关系矩阵，并把关系矩阵输入 UCINET 软件中，自动输出每个学生不同中心性指标方面的中心值。最后根据中心值的大小排名，识别出每个班级高中心性学生。

本章参考凯芙-阿尔蒙格等（Calvó-Armengol et al.，2009）和哈恩等（Hahn et al.，2015）对网络中心性指标的选取方法，选用目前对中心性测量运用比较典型的 6 个指标：中心度（degree centrality）、中介中心性（betweeness centrality）、亲近中心性（closeness centrality）、和谐亲密中心性（harmonic closeness centrality）、特征向量中心性（eigenvector centrality）、局部特征向量中心性（2-local eigenvector centrality），计算班级每个学生在这 6 个中心性指标结果，然后按班级总人数分别识别出中心性处于前 10% 的学生[1]。

---

① 把中心性排名前 10% 定义为高中心性学生的依据有三：一是已有文献表明网络中的领导者往往具有更高的中心性；二是根据本书对中心性学生与非中心性学生的特征进行对比分析发现，中心性学生一般也是班干部，而本实验中班干部的数量一般占班级总人数的 10% 左右；三是本实验调查问卷中要求每一个学生提名班上关系最好的三个男生和三个女生，这样每个学生可选择 6 名关系最好的学生。本实验班级总人数的范围是 37~64 人，按班级总人数的 10% 来计算，每个班高中心性学生范围为 4~7 人，这也与我们问卷中选择的人数基本一致。

4.1.2　中心性指标的含义及相关性分析

为说明上述中心性指标测度的含义及影响，本章结合弗里曼（Free-man，1979）和斯科特（Scott，2013）及相关文献对网络中心性刻画的指标，对这6个中心性指标的含义进行说明和比较。社会网络中，中心度（degree centrality）是指网络中一个节点与其他节点直接相连的个数，中心度越高的节点表明该点与其他许多节点都直接相连，反之，与其他节点联系越少的节点，在网络中的中心度也越低。本章测量的是班级网络中，与个体直接联系的朋友数量，一般而言，该值越大，与其直接联系的朋友数量越多。中介中心性（betweeness centrality）表示网络中某个节点到达其他节点的最短路径，如果一个节点到其他所有节点的路径都相对最短，则该节点的中介中心性较高。因为该节点一般居于网络的重要地位，其他节点都需要与该节点建立联系后才能与其他节点取得联系，因此处于该位置的个人掌握着信息传递的大权，他们可以通过控制或曲解信息的传递而影响群体（Freeman，1979）。中介中心性测量的是网络中节点对其他成员之间交往的控制度，若一个节点的中介中心性为0，则该节点位于网络边缘位置，对其他成员的控制度为0；反之，若一个节点的中介中心性为1，则该节点位于网络核心位置，对其他成员拥有绝对的控制权（刘军，2014）。具体到本章，指个体在多大程度上处于其他学生之间，起到一种"中介"作用，中介中心性值越大，个体越处于班级网络的中心位置。

亲近中心性（closeness centrality）测量的是一个节点与其他点之间的人际距离（Freeman et al.，1979）。与中介中心性不同的是，亲近中心性衡量的是一个节点向其他节点在传递信息时的便捷度，若一个节点与其他节点的距离都很短，信息传递越容易，就表示该节点的亲近中心性越高；反之，一个节点在向其他节点传递信息时阻碍越大，时间越长，亲近中心性就越低。

本章用亲近中心性测量学生之间的人际距离，该值越小，表明该学生与其他人联系越密切，关系越亲近。和谐亲密中心性（harmonic closeness centrality）在某种程度上与亲近中心性的含义类似，侧重于个体在网络中受欢迎的程度。特征向量中心性（eigenvector centrality）和局部特征向量中心性（2-local eigenvector centrality）均是测量网络中个体的影响力指标，不同的是前者测量的是个体在网络中的整体影响力，后者测量的是个体在局部的影响力。该值越大，表示个体的影响力越强。总的来说，中心性各指标测量的结果相差不大，到底选用哪个指标，依赖于研究问题的背景（Freeman，1979）。

那么，本章通过这6个中心性指标识别出6个中心维度上的高中心性学生，测量其他学生到高中心性学生之间的平均距离，对应的6个核心中心性距离变量之间的相关性如何呢？我们对6个代表中心性距离的变量进行了相关系数分析，结果如表4-1所示。

表 4 -1　　　　　　　6 个中心性距离指标 Pearson 相关系数矩阵

项目	中心度中心性距离	中介中心性距离	亲近中心性距离	特征向量中心性距离	和谐亲密中心性距离	局部特征向量中心性距离
中心度中心性距离	1					
中介中心性距离	0.889 ***	1				
亲近中心性距离	0.880 ***	0.874 ***	1			
特征向量中心性距离	0.893 ***	0.838 ***	0.852 ***	1		
和谐亲密中心性距离	0.823 ***	0.746 ***	0.850 ***	0.774 ***	1	
局部特征向量中心性距离	0.841 ***	0.772 ***	0.852 ***	0.829 ***	0.949 ***	1

注：*** 表示在1%水平上显著。

从表4-1可看出，6个中心性距离指标之间均显著正相关，而且相关系数均在0.7以上，这说明我们采用的6个中心性指标测量结果的稳健性，为本书全面考察班级网络高中心性学生对其他学生的影响更有说服力。

4.1.3　社会网络中心性距离测度

社会网络分析中对距离的测度内涵很丰富，有表示两个点之间的距离，也有表示所有点之间的"一般化距离"，或者表示个体之间亲疏关系的心理距离等，根据研究需要的不同，选取距离的测度方法不同。本章探讨对班级座位进行随机排座后，某学生与高中心性学生的平均座位距离对其成绩的影响，由于学生之间的座位距离是随机排座后得到的外生变量，故我们进一步克服了实验中可能存在的内生性问题。

本章社会网络距离代表的是某学生与班级高中心性学生的平均座位距离，具体计算方法是：第一步，我们按上面阐述的方法把中心性处于前10%的学生选出来后，分别在 6 个中心性指标上进行标注，若是中心学生标注为 1，否则为 0；第二步，根据班级随机排座后的座位表信息，按行列顺序统计出每位学生的座位坐标；第三步，计算出班级中任何一个 i 同学到中心性学生的平均物理距离。对于网络距离的测度，本章参考伊冯等（2015）做法，一个座位计 1 个距离，一个过道计 1 个距离，斜对角的座位按勾股定理计算距离。如在图 4-1 中，i 代表班级内任意一个学生，j 代表一个高中心性学生，i 与 j 的横向距离为 9，纵向距离为 6，对角距离根据勾股定理的公式计算即为 10.8，即学生 i 到高中心性学生 j 的物理距离为 10.8。具体计算见式（4-1）：

$$D_i = \frac{\sum_{j=1}^{10\%n} \sqrt{x_i^2 \to j + y_i^2 \to j}}{j} (i = n - 10\%n, j = 10\%n) \quad (4-1)$$

其中，D_i 代表学生 i 到高中心性学生的平均物理距离，$\sqrt{x_i^2 \to j + y_i^2 \to j}$ 代表学生 i 到中心性学生 j 的勾股距离，n 代表班级总人数，$10\%n$ 代表按班级人数的 10% 筛选出的中心学生。接着建立本章的实证模型，衡量班级社会网络内中心性最高的 n 名学生对其他学生成绩的影响。

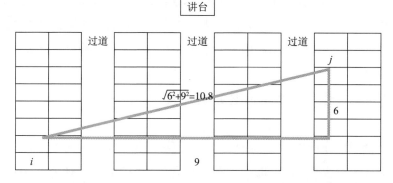

图 4-1　学生 i 到高中心性学生 j 的物理距离计算示意图

4.2 实验设计与计量模型

4.2.1 实验过程

本实验在湖北省某县三所农村小学开展，选择了三至五年级的学生为研究对象，[①] 样本共抽取了 21 个班级共计 1005 名学生参与了实验，其中男生 564 人，占比为 56.12%；女生 441 人，占比为 43.88%。实验于 2015 年 9 月初（秋季学期）开始，到 2016 年 7 月初（春季学期）结束，跨越两个学期，实验持续了近 40 周。

在实验初即 2015 年秋季学期开学初，我们要求参与实验的各班班主任提供学生上学期期末成绩（基准成绩）、[②] 本班学生花名册及身高信息等。开学后的前两周内，我们对学生进行随机排座并开展第一轮问卷调查，内容涉及个体特征、在校表现、班级网络、家庭信息及非认知能力等五大类。随机排座后，要求学生固定座位至少 8 周以上直到期中考试，收集学生期中考试成绩。考虑到学生视力均衡的需要，学生期中考试后以两列为一组，每两周一次的频率，各组之间进行座位"捆绑式"轮换直到期末考试。期末考试后，我们继续跟踪学生的成绩信息，处理第一轮实验的数据。

在 2016 年春季学期（春季学期）开学后前两周内，我们继续对学生进行第二轮随机排座，排座后立刻进行第二轮问卷调查。为了减弱惯性思维对问卷结果造成的影响，第二轮问卷在结构上与第一轮相同，部分内容和问题顺序有差别。问卷利用学生课堂时间集中填写，由班主任回收后录入问卷系统，信息不完整的问卷需交由学生补充完整后再次录入。整个实验过程都有研究人员的全程指导与监督，以确保数据收集的准确性与有效

---

① 由于本实验要求学生填写问卷，对学生的识字和理解能力有一定要求，考虑到实验的有效性，故没有包含一至二年级学生；六年级学生一般面临升学问题，不容易跟踪，故也没有包含这部分学生。

② 上学期的期末成绩是作为学生基准成绩计入成绩的，衡量了学生初始的水平。

性。本实验分别收集了三所学校的基准成绩和两个学期的期中期末共计5次考试成绩信息，[①] 2次随机座位表和2次学生调查问卷信息。本实验设计的流程如图4-2所示：

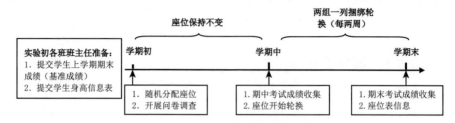

图4-2 实验流程图

注：图中学期中的期中考试成绩和学期末的期末考试成绩是指2015年秋季学期和2016年春季学期的考试成绩。本实验中的学校每学期会进行期中和期末两次考试，故两个学期共有期中考试成绩（2次）和期末考试成绩（2次），总计四次考试成绩。

在学生座位安排上，我们采取随机排座的方式。按照实验设计，每间教室里固定8列。为了避免出现视线遮挡的问题，我们根据学生身高从低到高排序划分出了不同的组，因此班级内部排座不能完全随机；为尽可能克服身高与学生成绩可能存在的内生性问题，本章实证分析时，控制了排座和学生身高[②]，我们在每组内通过自由抽签进行完全的随机排座实验。本章的随机排座方法是：第一步，在学期开学时先根据班级排数算出每个班级的组数[③]，每个组占两排座位；如果班级出现单数排，则第一排同学为第一组，后面每两排为一组；第二步，将学生按照身高从低到高排序，根据每组座位数确定每组随机抽签人数；第三步，按照每组人数确定标签数量，学生座位表及标签制作规则如图4-3、图4-4所示；第四步，从

---

① 5次考试成绩数据分别是2015年7月的期末考试成绩（作为基准成绩）、2015年秋期中考试成绩、2015年秋期末考试成绩、2016年春期中考试成绩及2016年春期末考试成绩。统计考试成绩时，我们只选取语文、数学和英语这三门科目的成绩。由于这三所学校从三年级才开始有英语课程，所以三年级的基准成绩中不包括英语成绩。

② 为消除身高可能与成绩有关的疑虑，本书除了在回归时控制身高外，还用固定效应模型验证了身高与成绩的关系，发现身高对成绩没有显著影响。

③ 考虑到小学编排座位一般前排座位都坐满后再依次往后排，这样最后一排的学生人数常少于8人，为了不影响学生视线又能使随机的范围更大，故用班级总人数除以每排学生数得到的排数若为奇数排，则第1排的学生记为第1组，后面每两排为一组，依次标记为第2组，第3组，第4组……若为偶数排，每两排为一组，分别标记为：第1组，第2组，第3组，第4组……

低到高由第一组学生开始进行自由抽签，学生根据抽签结果确定自己的位置就座；第五步，依次进行直至最后一组学生抽签完成并就座完毕。

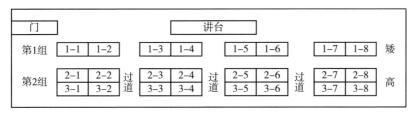

图4-3　奇数排座位标签示例

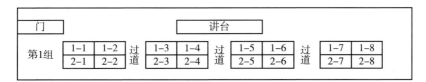

图4-4　偶数排座位标签示例

学生的座位确定后，一直保持不变直到期中考试结束，在固定座位期间，若中途有极特殊原因需调换座位，需及时报告给研究小组，本实验在固定座位期间没有更换座位的报告。期中考试后，考虑到学生视力的均衡发展及边缘学生的上课效果可能不及中间学生，课题组按每两周一次的频率对座位进行"捆绑式"轮换[①]，班主任需向课题组提交每次轮换座位后的座位表，并在座位表上标注班级，班主任名字，以及换座时间。另外，课题组工作人员会根据每周提交的座位表，比对班主任和任课教师的姓名，本次实验过程中未出现班主任老师更换的情况。

4.2.2　数据及描述性统计

本章使用的数据主要来自湖北省某县共计1005名学生的样本，主要包括三所学校三至五年级（共21个班级）的两轮调查问卷、5次考试成绩和随机座位表信息。由于研究对象没有变化，两轮调查问卷的问题具有很高

---

① 本实验班级的座位是每个班级固定8列，每两列为一大组，"捆绑式轮换"指的同一大组内的两列学生相对位置不变，轮换的是相邻大组。

的重合度，覆盖了本章研究的变量数据，根据后面的研究需求，我们分别将这些数据组合为面板数据（见表4-2）。

表4-2列出了计量模型中主要变量的基本统计量。认知能力的变量主要是用学生的成绩来代理的，成绩变量有5个，分别是4次考试分数和综合的平均考试分数（average exam score）作为成绩的被解释变量，其均值范围为75.11~76.54分。非认知能力的变量采用的是大五人格测试量表中的五大因子：开放度、责任感、外向性、亲和性以及神经质作为被解释变量。中心度中心性距离、中介中心性距离、亲近中心性距离、和谐亲密中心性距离、特征向量中心性距离、局部特征向量中心性距离，这6个中心性距离指标在下面的分析中作为主要的解释变量，其含义是根据学生问卷中提名关系最好的3个男生和3个女生，分别识别出6个中心性指标排名前10%的高中心性学生，然后根据随机座位表，计算班级任意一个学生到高中心性学生之间的平均距离。从表4-2可以看出，6个衡量中心性距离的指标均值基本相等，通过稳健性检验。

表4-2　　　　　　　　　主要变量的描述性统计

项目	变量	变量含义	均值	标准差	最小值	最大值	样本量
成绩变量	ams15 average	2015年秋期中成绩	75.11	14.45	5.670	98	1989
	afs15 average	2015年秋期末成绩	76.37	13.40	9.330	97.50	1983
	sms16 average	2016年春期中成绩	75.56	14.82	10.67	98.33	1978
	sfs16 average	2016年春期末成绩	76.54	16.29	0	102.5	1978
	Average Exam Score	学生平均考试成绩	76.44	14.93	0	102.5	1981
非认知变量	Openness_std	开放度	0	1	-3.21	4.86	1991
	Conscientiousness_std	责任感	0	1	-3.73	4.07	1991
	Extraversion_std	外向性	0	1	-4.07	3.93	1991
	Agreeableness_std	亲和度	0	1	-2.72	3.73	1991
	Neuroticism_std	神经质	0	1	-3.8	3.15	1991
中心距离变量	Degree_cen distance	中心度中心性距离	4.84	1.28	1.61	9.11	1989
	Betweeness_cen distance	中介中心性距离	4.83	1.34	1.41	9.29	1989
	Closeness_cen distance	亲近中心性距离	4.86	1.26	1.61	8.76	1989
	Harmonic_cen distance	和谐亲密中心性距离	4.86	1.35	1	9.49	1988
	Eigenvector_cen distance	特征向量中心性距离	4.81	1.29	1.61	10.43	1989
	2-L Eigenvector_cen distance	局部特征向量中心性距离	4.86	1.29	1.61	9.38	1989

续表

项目	变量	变量含义	均值	标准差	最小值	最大值	样本量
控制变量	Average baseline score	平均基准分数	76.09	15.35	3.5	99	1989
	Age	年龄	9.51	1.19	7	16	1991
	Gender	性别	0.56	0.5	0	1	1991
	Height	身高	138.9	9.04	100	174	1991
	Weight	体重	59.02	14.52	30	130	1991
	Grade	年级	4.09	0.8	3	5	1991
	Average parental education	父母平均教育水平	3.23	1.04	1	6	1991
	Lnincome father	父亲收入对数	9.14	3.27	0	14	1921
	Number of children	孩子数量	1.26	1.31	1	6	1916
	Whether focus on the class	上课专注度	1.69	0.54	0	2	1991
	Interest in Chinese	语文兴趣度	3.03	1.03	0	4	1991
	Interest in math	数学兴趣度	3.18	0.97	0	4	1991
	Study in class:total_min/week	课堂学习（总分钟/周）	95.1	98.31	0	902	1962
	Reading after class:total_min/week	课外阅读（总分钟/周）	57.81	76.15	0	1477	1970
	Surf the Internet:total_min/week	上网活动（总分钟/周）	47.77	97.24	0	1485	1974
	Wathch TV:total_min/week	看电视（总分钟/周）	91.13	101.2	0	1140	1968
	Housework:total_min/week	做家务（总分钟/周）	37.71	66.19	0	1000	1969

注：在成绩信息表中，有学生没有参加考试，故平均考试分数的最小值为 0；少数学生有加分题，单科成绩超过了 100 分，故有最大值为 102.5 分。

4.2.3　模型的设定

本章主要考察在班级这个社会网络中，对学生进行随机排座后，任意一个学生 i 离高中心性学生的平均物理距离与学习成绩和非认知能力的关系。本章把两轮学生学习生活的问卷数据和五次考试成绩整合成面板数据，同时，也分别估计了两次随机排座后，学生与高中心性学生的物理距离会影响其成绩。因此，估计的回归模型主要有两个，一个是面板估计模型，另一个是截面估计模型，表达式分别如下：

$$y_{it} = \alpha_0 + \beta_1 x_{id} + \beta_2 X_{ic} + \beta_3 D + \epsilon_{it} \qquad (4-2)$$

$$y_i = \alpha + \beta_1 x_{id} + \beta_2 X_{ic} + \beta_3 D + \epsilon_i \qquad (4-3)$$

其中，式（4-2）为面板估计模型。式（4-3）为横截面估计模型。这里的 y_{it} 为学生 i 在随机排座后的平均考试分数或学生的非认知能力，x_{id} 为学生 i 与高中心性学生的平均物理距离，X_{ic} 为学生 i 的个体特征和家庭特征变量，包括学生的性别、身高、年龄、年级、班级、学校、课外学习情况、父母平均受教育水平、父亲收入对数、家庭孩子数量，D 代表虚拟变量，ϵ_i 代表误差项。

4.3 社会网络中心性与儿童认知（非认知）能力实证分析

4.3.1 随机性检验

在内生性问题的处理上，本实验采取了随机排座的方式。在实证分析之前，首先对实验的随机性进行检验。本章的处理方式是将个体 i 实验前的基准成绩与高中心学生的平均物理距离进行回归，如果系数为 0 或不显著，则可通过随机性检验。表 4-3 检验了两轮座位分配是否存在非随机性。回归结果如表 4-3 所示，两轮随机座位分配中，6 个中心性距离指标与学生 i 的基准成绩的系数均为正值，且不显著，因此可以认为，本章实验的座位分配是一个随机过程，学生实验前的基准成绩与高中心学生的平均物理距离并无关联。

表 4-3　　　　实验前基准成绩与高中心性学生平均物理距离

变量	被解释变量：基准成绩					
	(1)	(2)	(3)	(4)	(5)	(6)
中心度中心性距离	0.253 (0.97)					
中介中心性距离		0.129 (0.52)				
亲近中心性距离			0.255 (0.96)			

续表

变量	被解释变量：基准成绩					
	(1)	(2)	(3)	(4)	(5)	(6)
特征向量中心性距离				0.289 (1.12)		
和谐亲密中心性距离					0.209 (0.85)	
局部特征向量中心性距离						0.344 (1.33)
个体特征	有	有	有	有	有	有
班级特征	有	有	有	有	有	有
家庭特征	有	有	有	有	有	有
常数	57.295 *** (16.11)	57.688 *** (16.15)	57.250 *** (16.02)	57.159 *** (16.08)	57.469 *** (16.19)	56.914 *** (15.97)
N	1808	1808	1808	1808	1807	1808

注：（1）每一列代表一个单独的回归，所有的回归都控制了个体特征、班级特征和家庭特征。其中，个体特征主要变量：性别、年龄、身高、基准成绩；班级特征主要变量：学校、年级、班级、上课注意力、语文兴趣度、数学兴趣度及课堂学习（总分钟/周）、课外阅读（总分钟/周）；家庭特征主要变量：父母平均教育水平、父亲收入对数、家庭孩子数量、网上活动（总分钟/周）、做家务（总分钟/周）、看电视（总分钟/周）。（2）圆括号内为 t 统计量。（3）*** 表示在1%的水平上显著。

4.3.2　实证分析

（1）网络中心性距离与学生学习成绩

表4-4是平均物理距离与学习成绩的 OLS 估计结果，列（1）~列（4）的数据分别代表第一轮和第二轮随机排座后，学生 i 与高中心性学生的平均距离与其学习成绩的回归结果，列（5）数据是综合两轮随机排座后的回归结果。被解释变量为平均成绩，核心解释变量为学生 i 与高中心性学生的平均物理距离，高中心性分别体现在 6 个中心性指标上，基准成绩、学生个体特征、课外学习情况及家庭背景作为控制变量。

结果显示，在两轮期末成绩列（2）和列（4）和综合两轮的平均成绩列（5）和列（6），衡量中心性距离的 6 个指标都非常显著，且均为负值，代表与高中心性学生的平均物理距离越近，成绩受其影响越大。其中，列（5）是综合两轮平均成绩用固定效应做稳健性检验的结果。列（2）和列

（6）数据中，亲近中心性距离、特征向量中心性距离和局部特征向量中心性距离在1%的水平上影响显著，列（5）这3个中心性指标分别在10%和5%的水平上显著。社会网络分析中，亲近中心性、特征向量中心性和局部特征向量中心性通常是衡量社会网络中关系的亲密度和影响力指标。系数表明，学生i与高中心性学生的平均物理距离每减少1个座位，其平均成绩可提高0.43~0.78个标准差。这说明在班级社会网络中，被提名受欢迎的学生，处于网络的中心位置，且这些高中心性学生与其他学生的物理距离越近，其他学生的成绩将会在一定程度上有所提高（这里的中心性高的学生可理解为在班上人缘好、受欢迎、核心学生、影响力强等）。值得注意的是，两轮期中成绩列（1）和列（3）在6个中心性距离指标上，除了分别在局部特征向量中心性距离、特征向量中心性距离在5%、1%的水平上显著为负以外，其他5个中心性距离指标均不显著，但系数均为负值。

表4-4　　　　　　　　平均物理距离与学习成绩估计结果

解释变量	被解释变量：平均成绩					
	2015年秋期中成绩（第一轮）	2015年秋期末成绩（第一轮）	2016年春期中成绩（第二轮）	2016年春期末成绩（第二轮）	综合两轮的平均成绩	
					FE	混合OLS
	（1）	（2）	（3）	（4）	（5）	（6）
中心度中心性距离	-0.182（-0.84）	-0.484**（-2.18）	-0.2（-0.69）	-0.559*（-1.81）	-0.172（-0.92）	-0.522***（-2.76）
中介中心性距离	-0.314（-1.51）	-0.404*（-1.89）	-0.317（-1.17）	-0.504*（-1.74）	-0.187（-1.06）	-0.430**（-2.40）
亲近中心性距离	-0.234（-1.05）	-0.670***（-2.95）	-0.436（-1.47）	-0.671**（-2.12）	-0.357*（-1.82）	-0.666***（-3.45）
特征向量中心性距离	-0.182（-0.86）	-0.590***（-2.73）	-0.780***（-2.65）	-0.751**（-2.39）	-0.360*（-1.92）	-0.703***（-3.77）
和谐亲密中心性距离	-0.296（-1.56）	-0.470**（-2.41）	-0.212（-0.70）	-0.746**（-2.31）	-0.273（-1.56）	-0.558***（-3.14）
局部特征向量中心性距离	-0.427**（-1.99）	-0.755***（-3.43）	-0.442（-1.53）	-0.649**（-2.11）	-0.462**（-2.49）	-0.782***（-4.19）
N	919	917	863	863	1780	1780

注：（1）每一列代表一个单独的回归，所有的回归都控制了个体特征、班级特征和家庭特征。其中，个体特征主要变量：性别、年龄、身高、基准成绩；班级特征主要变量：学校、年级、班级、上课注意力、语文兴趣度、数学兴趣度及课堂学习（总分钟/周）、课外阅读（总分钟/周）；家庭特征主要变量：父母平均教育水平、父亲收入对数、家庭孩子数量、网上活动（总分钟/周）、做家务（总分钟/周）、看电视（总分钟/周）。（2）圆括号内为t统计量。（3）***、**、*分别表示在1%、5%和10%的水平上显著。

综上分析，我们发现在班级社会网络中，学生 i 与高中心性学生的平均物理距离越近，期末考试成绩会显著提高，而期中考试成绩也会有一定的提高，但不显著。由于期中考试的时间为随机排座后两个月，而期末考试时间为随机排座后四个月，这说明随着时间的推移，学生 i 的成绩受高中心性学生的影响增大。这给了我们一定的启示，在班级座位编排上，使高中心性学生的座位范围辐射更大，在空间距离上对其他学生更容易产生积极的影响。

为直观表示中心性距离与平均成绩的关系，我们用列（5）数据分别在 6 个中心性指标方面绘制了距离与成绩的散点图，并拟合了直线，结果如图 4－5 所示。中心性距离的 6 个指标中，拟合的直线均向右下方倾斜，说明学生 i 与高中心性学生的平均物理距离与其平均成绩呈反方向变化，即离高中心性学生的平均物理距离越近，学习成绩受到的影响越大，且成绩是提高的。

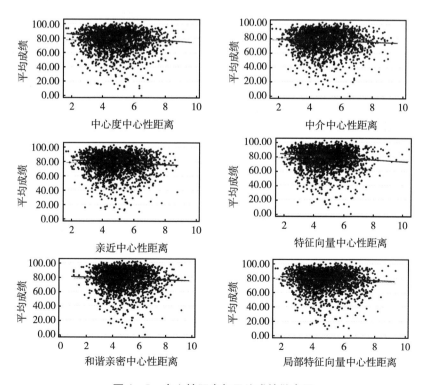

图 4－5 中心性距离与平均成绩散点图

（2）网络中心性距离与学生非认知能力

那么，在班级网络中，学生 i 与班级高中心性学生的平均物理距离与其非认知能力的关系如何呢？为综合反映儿童人力资本的非认知能力维度，本章把戈德堡（Goldberg，1990，1992）的大五人格测试量表作为非认知能力的代理，非认知能力的五大因子：开放度、责任感、外向性、亲和性以及神经质作为被解释变量，中心性距离的 6 个维度是主要的解释变量，控制了个人的特征变量后，面板数据的结果如表 4 - 5 所示。

表 4 - 5　　　　　　平均物理距离与学生非认知能力的估计结果

变量	开放度 （1）	责任感 （2）	外向性 （3）	亲和度 （4）	神经质 （5）
中心度中心性距离	0.032 * （1.73）	0.037 ** （2.14）	0.033 * （1.88）	0.011 （0.64）	0.004 （0.24）
中介中心性距离	0.004 （0.23）	0.003 （0.18）	− 0.004 （− 0.26）	− 0.014 （− 0.94）	0.02 （1.25）
亲近中心性距离	0.02 （1.09）	0.030 * （1.67）	0.011 （0.58）	− 0.016 （− 0.93）	0.024 （1.33）
特征向量中心性距离	0.013 （0.73）	0.024 （1.38）	0.005 （0.31）	− 0.003 （− 0.19）	0.023 （1.27）
和谐亲密中心性距离	0.029 * （1.69）	0.042 ** （2.51）	0.016 （0.92）	0.000 （0.000）	0.014 （0.86）
局部特征向量中心性距离	0.018 （0.99）	0.033 * （1.85）	0.012 （0.69）	− 0.001 （− 0.07）	0.021 （1.18）
N	1799	1799	1799	1799	1798

注：（1）所有的回归都控制了个体特征、班级特征和家庭特征。其中，个体特征主要变量：性别、年龄、身高、基准成绩；班级特征主要变量：学校、年级、班级、上课注意力、语文兴趣度、数学兴趣度及课堂学习（总分钟/周）、课外阅读（总分钟/周）；家庭特征主要变量：父母平均教育水平、父亲收入对数、家庭孩子数量、网上活动（总分钟/周）、做家务（总分钟/周）、看电视（总分钟/周）。（2）圆括号内为 t 统计量。（3）　**、* 分别表示在 5% 和 10% 的水平上显著。

从结果可以看出，中心度中心性距离对学生的开放度、责任感和外向性均有显著的影响，即离高中心性学生的距离越近，会显著降低学生的责任感（5% 的显著性水平），开放度和亲和度也会下降。可能是因为高中心性学生一般是班级成绩的佼佼者和班干部，他们在学习方面优秀的行为表现，如保持安静、不随便讲话、上课专心听讲等，高中心性学生的行为对周边学生起到了良好的示范效应。本章在上一部分得到高中心性学生对同伴的学习成绩有积极作用，这和贝泰隆等（Berthelon et al.，2019）的研究得到的结论一致。学生在课堂上更安静、表现更好反而有助于成绩的提升。从 6 个中心性距离指标上看，有 4 个中心性距离对学生的责任感均有显著的降低。原因可能是在班级网络中，高中心性学生通常也是班干部，当班干部承担了更多的班级事务，表现出较强的责任感时，也可能削弱了周边同学为班级做更多贡献的机会和作用。因此，如果班主任能在班级多设立一些"职务"，增加班级网络中普通同学担任班干部的机会，可能在一定程度上可以削减因离中心学生越近，而责任感降低的情况。

4.3.3　中心性距离对儿童认知能力的异质性分析

（1）中心性距离对性别的影响

在上述的实证分析中，我们知道学生 i 与班级高中心性学生的平均物理距离与其学习成绩负相关，那么，不同性别的学生与高中心性学生的平均物理距离对其成绩的影响有何差异？在控制了其他变量后，我们分别分析了男生女生与高中心性学生平均物理距离的远近对其成绩的影响，回归估计结果如表 4-6 所示。

表 4-6　　　　男（女）生与高中心性学生的平均物理距离
与其平均成绩的估计结果

类别	变量	被解释变量：平均成绩					
		（1）	（2）	（3）	（4）	（5）	（6）
A 男生与高中心性学生平均物理距离回归	中心性距离	-0.329 （-1.49）	-0.281 （-1.35）	-0.536 ** （-2.30）	-0.408 * （-1.83）	-0.479 ** （-2.29）	-0.558 ** （-2.50）
	年龄	-0.918 ** （-1.97）	-0.926 ** （-1.99）	-0.919 ** （-1.98）	-0.908 * （-1.95）	-0.937 ** （-2.02）	-0.922 ** （-1.99）
	孩子数量	0.982 *** （3.09）	0.978 *** （3.07）	0.989 *** （3.11）	0.982 *** （3.09）	0.992 *** （3.12）	0.991 *** （3.12）

续表

类别	变量	被解释变量：平均成绩					
		(1)	(2)	(3)	(4)	(5)	(6)
A 男生与高中心性学生平均物理距离回归	上课注意力	1.550 *** (2.77)	1.548 *** (2.77)	1.554 *** (2.79)	1.555 *** (2.79)	1.575 *** (2.83)	1.574 *** (2.82)
	网上活动（总分钟/周）	0.002 (0.73)	0.002 (0.72)	0.002 (0.72)	0.002 (0.75)	0.002 (0.64)	0.002 (0.68)
	看电视（总分钟/周）	− 0.004 （− 1.54)	− 0.004 （− 1.56)	− 0.005 （− 1.59)	− 0.004 （− 1.50)	− 0.004 （− 1.42)	− 0.004 （− 1.49)
	常数	33.295 *** (5.04)	33.288 *** (5.03)	33.865 *** (5.13)	33.593 *** (5.08)	34.203 *** (5.18)	34.028 *** (5.15)
	N	999	999	999	999	998	999
B 女生与高中心性学生平均物理距离回归	中心性距离	− 0.341 （− 1.42)	− 0.325 （− 1.43)	− 0.472 ** （− 1.98)	− 0.671 *** （− 2.91)	− 0.299 （− 1.37)	− 0.695 *** （− 3.04)
	年龄	− 1.045 ** （− 2.32)	− 1.044 ** （− 2.32)	− 1.035 ** （− 2.30)	− 1.021 ** （− 2.28)	− 1.058 ** （− 2.36)	− 1.026 ** （− 2.29)
	孩子数量	0.552 * (1.72)	0.539 * (1.68)	0.546 * (1.71)	0.561 * (1.76)	0.539 * (1.68)	0.554 * (1.74)
	上课注意力	1.407 ** (2.22)	1.396 ** (2.2)	1.378 ** (2.17)	1.356 ** (2.14)	1.417 ** (2.23)	1.336 ** (2.11)
	网上活动（总分钟/周）	− 0.007 * （− 1.87)	− 0.007 * （− 1.85)	− 0.008 * （− 1.90)	− 0.008 ** （− 2.00)	− 0.008 * （− 1.88)	− 0.008 ** （− 2.09)
	看电视（总分钟/周）	− 0.007 * （− 1.94)	− 0.007 * （− 1.94)	− 0.007 * （− 1.93)	− 0.007 * （− 1.93)	− 0.007 ** （− 1.99)	− 0.007 * （− 1.90)
	常数	41.915 *** (6.33)	42.138 *** (6.35)	42.534 *** (6.43)	43.687 *** (6.6)	41.744 *** (6.32)	43.724 *** (6.62)
	N	781	781	781	781	781	781

注：(1) 表中列 (1) ~ 列 (6) 分别代表中心度中心性距离、中介中心性距离、亲近中心性距离、特征向量中心性距离、和谐亲密中心性距离、局部特征向量中心性距离。每一列代表一个单独回归，所有回归都控制了性别、身高、基准成绩、学校、年级、班级、语文兴趣度、数学兴趣度及课堂学习时间、课外阅读（总分钟/周）、父母平均教育水平、父亲收入对数、做家务。(2) 圆括号内为 t 统计量。(3) *** 、** 、* 分别表示在 1%、5% 和 10% 的水平上显著。

从显著性上看，中心性距离的 6 个指标方面，男生分别在亲近中心性距离、和谐亲密中心性距离、特征向量中心性距离和局部特征向量中心性距离这四个中心性距离指标上影响显著，显著水平分别为 5%、10%、5%、5%。女生分别在亲近中心性距离、特征向量中心性距离和局部特征向量中心性距离上影响显著，显著水平分别为 5%、1%、1%。相比女生，男生受到班级网络的影响维度更广泛，这可能与小学男生的易动、调皮有关。而从影响系数上分析，男生的影响系数分别为 −0.54、−0.41、−0.48、−0.56，女生的影响系数分别为 −0.47、−0.67、−0.70，这说明与高中心性学生的平均物理距离每减少 1 个座位距离，男生成绩会提高 0.41 ~ 0.56 个标准差，而女生会提高 0.47 ~ 0.70 个标准差，即女生受到班级网络的影响程度大于男生。

控制变量的回归结果中，值得一提的是，男生和女生的学习成绩受孩子数量、上课专心度的影响较大，回归系数均显著为正，而学生的年龄对学习成绩的影响显著为负。这说明学生学习态度和家庭环境对成绩影响显著。一般认为，家庭孩子数量越多，经济负担会更重，孩子们也会更加懂事，更珍惜在校学习的机会，成绩表现会更好。平均每天上网活动和看电视的时间对女生的影响显著为负，而对男生的影响不显著，这说明平均每天上网、看电视的时间越长，对女生的学习成绩影响较男生更大。

（2）中心性距离对不同分数段学生的影响

班级网络中，高中心性学生一般是一批人缘好、受欢迎，又极具影响力的学生，他们对其他学生起着风向标的作用，那么，这些学生是对班级中成绩好的学生影响更大，还是对成绩差的学生影响更大呢？

为更好定义成绩的等级，我们根据平均考试成绩的分布，把学生的学习成绩分为"A、B、C、D"四个等级，分别代表"大于等于 90 分""80 ~ 90 分""70 ~ 80 分""小于 70 分"。然后，我们把这四个成绩等级的学生，分别在 6 个中心性指标上进行回归，以探析中心性距离对不同分数段的影响。表 4 − 7 估计了分数段为 80 ~ 90 分的结果。

两轮随机排座后，我们发现分数段处于 80 ~ 90 分，即成绩中等偏上的学生受高中心性学生影响更显著，而其他三个成绩等级均影响不显著。相较第一轮随机排座后的成绩，第二轮的回归结果在 6 个中心性距离指标上均显著为负，其中，中心度距离、中介中心性距离与和谐亲密中心性距离在 5% 的水平上显著；亲近中心性距离、特征向量中心性距离和局部特征向量中心性距离在 1% 的水平上显著。

表 4 – 7　　　　　分数段为 80 ~ 90 分学生与高中心性学生
平均物理距离的估计结果

类别	变量	被解释变量：平均成绩					
		(1)	(2)	(3)	(4)	(5)	(6)
A 第一轮随机排座	中心度中心性距离	-0.112 (-0.61)					
	中介中心性距离		-0.067 (-0.38)				
	亲近中心性距离			-0.368** (-2.01)			
	特征向量中心性距离				-0.289 (-1.64)		
	和谐亲密中心性距离					-0.339** (-1.99)	
	局部特征向量中心性距离						-0.435** (-2.40)
	上课注意力	0.787* (1.71)	0.778* (1.69)	0.805* (1.75)	0.793* (1.72)	0.820* (1.78)	0.807* (1.76)
	常数	74.336*** (16.9)	74.347*** (16.81)	74.968*** (17.08)	74.745*** (16.98)	74.862*** (17.08)	75.022*** (17.07)
	N	608	608	608	608	608	608
B 第二轮随机排座	中心度中心性距离	-0.381** (-2.00)					
	中介中心性距离		-0.374** (-2.07)				
	亲近中心性距离			-0.534*** (-2.74)			
	特征向量中心性距离				-0.600*** (-3.08)		
	和谐亲密中心性距离					-0.378** (-2.05)	

类别	变量	被解释变量：平均成绩					
		（1）	（2）	（3）	（4）	（5）	（6）
B 第二轮随机排座	局部特征向量中心性距离						−0.653 *** （−3.30）
	上课注意力	1.180 ** （2.35）	1.166 ** （2.32）	1.187 ** （2.37）	1.160 ** （2.32）	1.168 ** （2.32）	1.168 ** （2.34）
	常数	61.981 *** （13.56）	62.447 *** （13.6）	62.748 *** （13.75）	63.028 *** （13.8）	62.054 *** （13.58）	63.039 *** （13.83）
	N	491	491	491	491	491	491

注：（1）每一列代表一个单独的回归，所有的回归都控制了个体特征、班级特征和家庭特征。其中，个体特征主要变量：性别、年龄、身高、基准成绩；班级特征主要变量：学校、年级、班级、上课注意力、语文兴趣度、数学兴趣度及课堂学习（总分钟/周）、课外阅读（总分钟/周）；家庭特征主要变量：父母平均教育水平、父亲收入对数、家庭孩子数量、网上活动（总分钟/周）、做家务（总分钟/周）、看电视（总分钟/周）。（2）圆括号内为 t 统计量。（3）***、**、* 分别表示在 1%、5% 和 10% 的水平上显著。（4）由于篇幅的限制，本书只报告了标准平均分为 "80~90 分" 的回归结果，其他三个分段数："大于等于 90 分" "70~80 分" "小于 70 分" 的回归结果在两轮随机排座的成绩中均不显著，故没有报告，感兴趣的读者可向作者索取。

从系数上看，学习成绩为 B 等级的学生与班级高中心性学生每减少 1 个座位距离，平均考试成绩可提高 0.37~0.65 个标准差，第一轮的回归结果也验证了此结论。那为什么不是成绩更差的学生受到的影响更大呢？我们注意到，在控制变量中，两轮的随机排座后，上课专注度与学习成绩均显著正相关，对学生分数的提高更大。这也说明，学习成绩处于中上等的学生受到高中心性学生的影响更大，但不能忽视，他们本身的努力程度对自身的成绩提高的更大，或许，相比差等生，这些成绩处于中上等的学生学习习惯更好，上课更专注用心，这在一定程度上有助于成绩的提高。

（3）中心性距离对班干部与否的影响

班级社会网络中，班干部在班级中协助老师管理班级，如传达老师的通知信息、收发各种学习资料、维护好课堂纪律等，他们比普通学生有更多的机会与老师同学进行互动，那么，担任班干部与非班干部的学生，是否受高中心性学生的影响呢？影响程度如何？在控制了个体特征变量后，我们把担任班干部与非班干部的学生都进行了计量分析，两者的回归结果如表 4-8 所示。

表4-8　　班干部（非班干部）与高中心性学生平均物理距离的估计结果

项目	变量	被解释变量：平均成绩					
		（1）	（2）	（3）	（4）	（5）	（6）
A 非班干部	中心度中心性距离	-0.685*** （-2.85）					
	中介中心性距离		-0.532** （-2.42）				
	亲近中心性距离			-0.728*** （-2.99）			
	特征向量中心性距离				-0.895*** （-3.67）		
	和谐亲密中心性距离					-0.668*** （-2.96）	
	局部特征向量中心性距离						-0.907*** （-3.80）
	个体特征	有	有	有	有	有	有
	班级特征	有	有	有	有	有	有
	家庭特征	有	有	有	有	有	有
	常数	42.534*** （6.84）	42.510*** （6.82）	42.735*** （6.87）	43.973*** （7.05）	42.584*** （6.85）	43.603*** （7.01）
	N	1010	1010	1010	1010	1010	1010
B 班干部	中心度中心性距离	0.024 （0.11）					
	中介中心性距离		0.024 （0.11）				
	亲近中心性距离			-0.362 （-1.59）			
	特征向量中心性距离				-0.287 （-1.37）		
	和谐亲密中心性距离					-0.112 （-0.55）	

续表

项目	变量	被解释变量：平均成绩					
		（1）	（2）	（3）	（4）	（5）	（6）
B班干部	局部特征向量中心性距离						−0.343 （−1.62）
	个体特征	有	有	有	有	有	有
	班级特征	有	有	有	有	有	有
	家庭特征	有	有	有	有	有	有
	常数	38.236 *** （5.93）	38.144 *** （5.91）	39.272 *** （6.1）	39.025 *** （6.06）	38.608 *** （5.99）	39.131 *** （6.09）
	N	770	770	770	770	769	770

注：（1）每一列均代表一个单独的回归，所有的回归都控制了个体特征、班级特征和家庭特征。其中，个体特征主要变量：性别、年龄、身高、基准成绩；班级特征主要变量：学校、年级、班级、上课注意力、语文兴趣度、数学兴趣度及课堂学习（总分钟/周）、课外阅读（总分钟/周）；家庭特征主要变量：父母平均教育水平、父亲收入对数、家庭孩子数量、网上活动（总分钟/周）、做家务（总分钟/周）、看电视（总分钟/周）。（2）圆括号内为 t 统计量。（3）***、**、*分别表示在1%、5%和10%的水平上显著。

从表中不难发现：相比班干部，非班干部学生受高中心性学生的影响更大，6个中心性距离指标中，除了中介中心性距离在5%的水平显著外，其他5个中心性距离指标均在1%的水平上显著为负。从系数上看，他们与班上高中心性学生的平均物理距离每减少一个座位距离，平均成绩可提高0.67～0.91个标准差。而班干部的回归结果中，6个中心性距离指标均不显著，其中有4个指标的系数为负，说明与高中心性学生的物理距离对班干部的影响不大，这可能由于班干部在社会网络中具有较高的互动性，他们自身的中心性也会减弱高中心性学生对其带来的影响。

（4）中心性距离对不同年级学生的影响

上述的分析我们都集中在班级网络，而对于小学生而言，其模仿性和可塑性极强，不同年龄段的孩子，认知和发展水平不同，他们受同伴的影响也呈现差异性。那么，哪个年龄段的学生，受班级高中心性学生的影响更大呢？换句话说，哪个年级的学生，与班上高中心性学生的平均物理距离远近，对其平均成绩的影响最大？由于调查样本中是三至五年级学生，下方报告的是在此范围的学生结果。随机排座后，我们在面板数据的基础上，把其平均成绩与班级高中心性学生的物理距离进行了回归分析，结果发现：四年级的学生最容易受到班级高中心性学生的影响，具体回归结果见表4-9。

表4-9　　　　　四年级学生的平均成绩与高中心性学生
平均物理距离的结果估计

变量	被解释变量：平均成绩					
	(1)	(2)	(3)	(4)	(5)	(6)
中心度中心性距离	-0.500** (-2.43)					
中介中心性距离		-0.372** (-1.99)				
亲近中心性距离			-0.513** (-2.51)			
特征向量中心性距离				-0.581*** (-2.68)		
和谐亲密中心性距离					-0.614*** (-3.02)	
局部特征向量中心性距离						-0.570*** (-2.65)
父母平均教育水平	0.886** (1.98)	0.914** (2.03)	0.875* (1.94)	0.864* (1.92)	0.859* (1.91)	0.866* (1.92)
上课专心度	1.801*** (3.13)	1.772*** (3.08)	1.787*** (3.11)	1.783*** (3.1)	1.796*** (3.13)	1.783*** (3.1)
网上活动（总分钟/周）	-0.011*** (-2.97)	-0.011*** (-2.96)	-0.011*** (-2.95)	-0.011*** (-2.94)	-0.011*** (-2.98)	-0.011*** (-2.94)
常数	36.895*** (4.88)	36.313*** (4.81)	37.002*** (4.90)	37.131*** (4.92)	37.439*** (4.97)	37.045*** (-4.91)
N	636	636	636	636	636	636

注：(1) 每一列均代表一个单独的回归，所有的回归都控制了个体特征、班级特征和家庭特征。其中，个体特征主要变量：性别、年龄、身高、基准成绩；班级特征主要变量：学校、年级、班级、上课注意力、语文兴趣度、数学兴趣度及课堂学习（总分钟/周）、课外阅读（总分钟/周）；家庭特征主要变量：父母平均教育水平、父亲收入对数、家庭孩子数量、网上活动（总分钟/周）、做家务（总分钟/周）、看电视（总分钟/周）。(2) 圆括号内为 t 统计量。(3) ***、**、*分别表示在1%、5%和10%的水平上显著。(4) 由于篇幅的限制，本书只报告了四年级学生的平均成绩与高中心性学生平均物理距离的估计结果，三年级和五年级学生的回归结果影响不显著，没有报告在书中，感兴趣的读者可向作者索取。

从系数可看出，相比三年级和五年级，四年级的学生与班级高中心性学生的平均物理距离每减少一个座位距离，平均成绩可提高 0.37 ~ 0.61 个标准差，而对其他年级的学生影响不显著。一般认为，四年级是一个分水岭，四年级后，各科学习的难度更大，学生的成绩差异体现更明显，学生更易受同伴影响，我们的研究结论符合常理。从控制变量来看，父母平均教育水平对孩子成绩的提升作用凸显，如系数显著为正，上课专心度也是成绩提升的重要内在因素，上网活动时间则与成绩负相关。这也提醒我们，家长的教育和引导，对孩子学习成绩的影响不容忽视。

4.3.4 中心性距离对儿童非认知能力的异质性分析

在中心性距离对儿童非认知能力的影响方面，本章在上述的实证分析中得到初步的结论，即在班级网络中，离高中心性学生的平均距离越近，学生的责任感、开放度和外向性会显著降低。那么，具有哪些特征的儿童影响更大呢？本章分别从学生性别、不同分数段（"A、B、C、D"）、班干部和年级四个方面，分析了中心性距离对学生非认知能力的影响（见表4－10）。

表4－10　　　　中心性距离对不同性别学生的非认知能力影响

类别	变量	开放度 （1）	责任感 （2）	外向性 （3）	亲和度 （4）	神经质 （5）
Panel A： 中心性距 离对男生 非认知能 力的影响	中心度中心性距离	0.022 （0.95）	0.027 （1.23）	0.025 （1.14）	0.01 （0.45）	0.008 （0.35）
	中介中心性距离	− 0.004 （− 0.16）	− 0.005 （− 0.25）	− 0.014 （− 0.64）	− 0.02 （− 0.94）	0.029 （1.31）
	亲近中心性距离	0.014 （0.59）	0.021 （0.91）	0.01 （0.41）	− 0.026 （− 1.09）	0.03 （1.24）
	特征向量中心性距离	0.012 （0.49）	0.022 （0.99）	0.012 （0.52）	− 0.013 （− 0.57）	0.024 （1.000）
	和谐亲密中心性距离	0.014 （0.65）	0.027 （1.25）	0.005 （0.24）	0 （− 0.01）	0.014 （0.63）
	局部特征向量中心性距离	0.014 （0.57）	0.028 （1.23）	0.017 （0.76）	− 0.006 （− 0.27）	0.02 （0.86）
	N	1010	1010	1010	1010	1009

续表

类别	变量	开放度 （1）	责任感 （2）	外向性 （3）	亲和度 （4）	神经质 （5）
Panel B：中心性距离对女生非认知能力的影响	中心度中心性距离	0.043 （1.49）	0.050 * （1.78）	0.039 （1.39）	0.008 （0.30）	0 （ -0.00）
	中介中心性距离	0.014 （0.50）	0.014 （0.54）	0.009 （0.31）	-0.007 （ -0.28）	0.01 （0.40）
	亲近中心性距离	0.024 （0.83）	0.039 （1.42）	0.008 （0.30）	-0.006 （ -0.22）	0.016 （0.60）
	特征向量中心性距离	0.016 （0.56）	0.026 （0.96）	-0.007 （ -0.25）	0.008 （0.30）	0.017 （0.65）
	和谐亲密中心性距离	0.042 （1.63）	0.056 ** （2.19）	0.025 （0.96）	-0.005 （ -0.22）	0.019 （0.74）
	局部特征向量中心性距离	0.023 （0.83）	0.037 （1.40）	0.003 （0.09）	0.002 （0.08）	0.019 （0.71）
	N	789	789	789	789	789

注：（1）所有的回归都控制了个体特征、班级特征和家庭特征。其中，个体特征主要变量：性别、年龄、身高、基准成绩；班级特征主要变量：学校、年级、班级、上课注意力、语文兴趣度、数学兴趣度及课堂学习（总分钟/周）、课外阅读（总分钟/周）；家庭特征主要变量：父母平均教育水平、父亲收入对数、家庭孩子数量、网上活动（总分钟/周）、做家务（总分钟/周）、看电视（总分钟/周）。（2）圆括号内为 t 统计量。（3）***、**、*分别表示在1%、5%和10%的水平上显著。

表4-10报告了与高中心性学生的距离对不同性别学生非认知能力的影响，结果显示，男生与高中心性学生的座位距离越近，非认知能力基本没有显著的变化。而对女生而言，与班级中心学生坐得越近，女生的责任感会显著下降。其中在中心度中心性距离方面，责任感下降0.050个标准差，在和谐亲密中心性距离方面，责任感下降0.056个标准差。说明离班级高中心学生越近，会降低女生的责任感水平。

此外，离班级高中心性学生座位距离越近，对班级不同成绩、不同年级、是否担任班干部学生的影响如何呢？为保持后面内容的连贯性，方便阅读，本章把这种类别异质性分析的回归结果放入本章附表中。具体而言，本章附表A报告的是班级不同分数段学生的非认知结果，离高中心性学生的座位距离越近，优等生（成绩分布为A）的开放度会显著下降，且在 5 个维度的中心性距离上都非常显著；中等生的神经质水平会显著减少，低水平（成绩分布为 D）学生的非认知能力没有显著的影响。结果说明班级成绩更优秀的学生，与高中心性学生坐得越近，学生更不开放，而开放度的下降对学习而言可能体现的是一种更加专注的品质。

在对不同年级进行回归后发现（见本章附表 B），不同年级的学生在非认知能力上表现不同，三年级孩子表现为开放度的显著下降，四年级学生的神经质水平显著下降，五年级学生表现为亲和度水平的显著提高，同时责任感水平会有一定程度的下降。而在分是否担任班干部回归后（见本章附表 C），发现班干部学生对与中心学生的距离会更敏感，会显著提高班干部的亲和度，而对非班干部学生没有显著影响。

总之，与班级高中心性学生座位距离越近，女生的责任感会显著下降，对男生没有影响；成绩高水平学生的开放度会显著下降，中等水平学生的神经质水平显著减少，但对低水平学生没有影响。年级方面，会降低三年级学生的开放度，四年级学生的神经质水平得到改善，显著提高了五年级学生的亲和度；全样本分析发现，班干部学生的亲和度会因与中心学生的距离更近而提高，非班干部对此却没有影响。

4.3.5 机制讨论

（1）高中心性学生特征分析

通过随机实验和面板数据的分析结果，我们验证了之前的假设：即在班级这个社会网络中，学生 i 与班上高中心性学生的平均物理距离越近，其学习成绩受其影响越大，且这种影响是正向的，即能在一定程度上提高学生的学习成绩。那么，高中心性学生具有哪些特征？为什么任意一个学生 i 与高中心性学生的平均物理距离越近，学习成绩会越好？为探讨这种影响的原理机制，我们分别从学生个体特征、课堂学习、家庭特征、考试成绩四大方面，对两轮问卷中的高中心性学生与非中心性学生进行了对比，试图找到这一影响效应的原因。两轮问卷数据均值 T 检验的结果如表 4-11 所示。

表 4 –11　　　　　　　　　高中心性学生与非中心性学生特征比较

变量		第一轮			第二轮		
		高中心性学生	非中心性学生	差分	高中心性学生	非中心性学生	差分
个体特征	年龄	9.591	9.514	0.077	9.536	9.522	0.014
	性别	0.453	0.578	−0.126	0.536	0.565	−0.029
	身高	138.438	137.366	1.072	141.109	140.446	0.662
	户籍	0.453	0.518	−0.066	0.493	0.512	−0.019
	是否班干部	0.664	0.416	0.248 ***	0.674	0.362	0.312 ***
课堂学习	上课讲话	2.292	3.093	−0.801	2.196	2.843	−0.647
	做小动作	1.978	2.318	−0.34	1.848	2.19	−0.342
	看小说漫画	0.102	0.385	−0.283	0.188	0.371	−0.183
	上课睡觉	0.051	0.129	−0.078	0.058	0.185	−0.127
	上学迟到	0.131	0.265	−0.134	0.174	0.317	−0.143
	上课注意力	1.81	1.614	0.196 ***	1.79	1.736	0.054
	课内学习时间	113.5	92.34	21.160 **	111.874	90.79	21.084 **
	课外阅读时间	55.545	54.911	0.634	63.326	59.196	4.13
家庭特征	干家务时间	42.59	38.06	4.529	40.127	36.163	3.964
	家庭藏书量	20.801	17.764	3.038	34.348	29.971	4.377
	家庭孩子数量	1.055	1.299	−0.244 *	1.226	1.273	−0.048
	家庭是否有电脑	0.62	0.575	0.046	0.717	0.582	0.135 ***
	家庭是否有汽车	0.358	0.285	0.073 *	0.384	0.346	0.038
考试成绩	平均基准分	80.76	75.374	5.386 ***	83.164	74.994	8.170 ***
	2015 年秋期中成绩	79.932	74.365	5.567 ***	82.967	73.875	9.092 ***
	2015 年秋期末成绩	81.268	75.605	5.663 ***	83.66	75.226	8.434 ***
	2016 年春期中成绩	80.898	74.686	6.212 ***	83.999	74.193	9.806 ***
	2016 年春期末成绩	82.697	75.567	7.130 ***	84.906	75.208	9.698 ***

注：（1）几个"01"变量说明：性别是男为 1，性别是女为 0；农村户籍为 1，城镇户籍为 0；是班干部为 1，不是班干部为 0；有电脑为 1，没电脑为 0；有小汽车为 1，没小汽车为 0。问卷中上课讲话、做小动作、看小说漫画、上课睡觉、上学迟到的测量单位是平均次数/周；上课注意力集中度分为三个等级，基本不可以 =0；不一定 =1；基本可以 =2，值越高，则注意力越集中。课内学习（非在校时间）、课外阅读、干家务的测量单位是总分钟/周。（2）*** 、** 、* 分别表示在1%、5%和10%的水平上显著。

　　从表 4 –11 可看出，高中心性学生与非中心性学生特征存在显著的差异。在个体特征方面，高中心性学生的年龄、身高均高于非中心性学生，且女生居多，城镇户籍更多，但不显著。在是否担任班干部上，高中心性学生较非中心性学生在1%的水平上具有显著差异，说明高中心性学生同时也是班干部，即班级"领袖"人物。

在课堂学习方面，两轮问卷中高中心性学生比非中心性学生的课堂表现均要好，更遵守课堂纪律，上课的坏习惯更少，如上课讲话、做小动作、看小说漫画、上课睡觉、上学迟到均值 T 检验的结果均为负值。高中心性学生上课注意力更集中，如在第一轮问卷，结果在1%的水平上显著为正。课内、外学习时间均更长，尤其在课内（非在校）学习时间上，高中心性学生较非中心学生在5%的水平上显著为正，表明具有更长的非在校学习时间。

家庭特征几个变量中，我们发现，相比非中心性学生，高中心性学生干家务的时间更长，家里孩子数量更少，藏书量更多，拥有电脑、汽车的数量更多，而电脑、汽车在一定程度上体现了家庭的经济实力，说明高中心性学生的家庭更富裕。

此外，我们在学生的考试成绩上，对高中心性学生与非中心性学生也进行了对比，发现结果非常显著，五次成绩均在1%的水平上显著为正，且两轮问卷的结果均得到一致的结论，结果非常稳健。因此，高中心性学生是一批学习成绩优秀的学生，即在班级中，学生 i 离学习成绩好的学生坐得越近，自身成绩也会在一定程度上提高。

综上分析，我们对高中心性学生有这样一个认识：首先，高中心性学生是一批学习成绩优秀、在班级担任"一官半职"的群体；其次，相对非中心性学生，高中心性学生具有更好的学习态度和学习习惯，更刻苦努力；最后，高中心性学生女生居多，且家庭条件相对优越，如家庭孩子数量更少，父母收入更高。一般而言，具有更好家庭背景的孩子，父母更重视对孩子的教育投资与特长的培养，而成绩好、有特长这些特点，也更容易使孩子在同龄群体中成为中心人物。

（2）影响机制分析

通过对高中心性学生的个体特征分析，我们知道高中心性学生一般是一批学习成绩好、女生占比更高的群体，而在班级这个社会网络中，座位离他们越近，学习成绩受其影响越大，且学习成绩能在一定程度上提高。那么，为什么与这些高中心性学生坐得越近，学习成绩会有更大的影响？"近朱者赤，近墨者黑"的同伴效应在班级网络内如何起作用？为进一步解释这些问题，我们从理论与实证方面进行了验证。

在理论上，对新事物、行为、习惯等模仿与接受论述较全面的有巴斯扩散模型（bass diffusion model），是美国管理心理学家弗兰克·巴斯（Frank M. Bass，1969）提出的。巴斯扩散模型分析了个体接受一项新产品或模仿一种新行为的概率，常被用于对新开发的消费者耐用品进行市场购买量的描述和预测。该模型详细分析了信息的传播机制，认为人们接受新事物有两种路径，一种路径是接受并有所创新，另一种路径是直接模仿，其模型表达式如下：

$$F(t) = F(t-1) + p[1 - F(t-1)] + q[1 - F(t-1)]F(t-1) \quad (4-4)$$

其中，$F(t)$ 表示本时期个体接受新事物的概率，p 代表创新比率，q 代表模仿比率，$F(t-1)$ 是上一期接受了新事物本期中被模仿的概率，$1 - F(t-1)$ 是本期没有接受新事物的概率。

巴斯扩散模型论证了信息传播机制，认为在信息传播刚开始的时候，人群中没有人去模仿别人，第一个接受该信息的人是自发的创新。随着信息扩散过程的推进，更多的人接收信息成为被模仿的人，这样就会导致信息的扩散使得人们通过创新和模仿两个途径去接受该信息。当模仿的人越来越多，被模仿的人（创新）会越来越少，最后整个扩散的过程会减慢，因为社会网络中已经没有更多剩下的人去模仿或者创新。

本章在班级这个社会网络中，高中心性学生是一批成绩优异的群体，他们更容易接受和传播知识与信息，其自身所具有的品质和良好的学习行为习惯会对周边同学产生影响，这种影响可以来自信息的接受方，即学生 i 通过观察高中心性学生的行为，学习模仿或者在原基础上做得更好（创新），改变自己的行为并慢慢内化成一种好的学习习惯，进而学习成绩得到提高。这种机制产生作用的前提是学生 i 对高中心性学生的观察并积极模仿，显然，学生 i 更容易观察和模仿坐在前面的同学的行为。因此，在实证方面，我们把班级高中心性学生分成在学生 i 前面和后面两个子样本，分别看子样本的实证结果。若只是前面的子样本距离系数显著为负，后面的子样本变得不显著，则证明高中心性的同学是否在学生 i 的视野范围内影响着信息的吸收，因此学生 i 具有主动模仿高中心性学生行为的现象。

为更好论证这个问题，我们对随机排座后的高中心性学生座位表进行了统计，以班级中的座位行数来区分前面和后面。两轮随机排座后的学生座位行（列）数信息见表4－12。

表4－12　　　　　　　　随机排座后的学生座位行（列）数

项目	座位行（列）数	均值	标准差	最小值	最大值	样本量
第一轮	全样本座位行数	3.93	2.05	1	9	1005
	高中心性学生座位行数	4.07	2.07	1	9	137
	非中心性学生座位行数	3.91	2.047	1	9	868
	全样本座位列数	5.96	3.38	1	11	1005
	高中心性学生座位列数	6.16	3.19	1	11	137
	非中心性学生座位列数	5.93	3.41	1	11	868
第二轮	全样本座位行数	3.98	2.06	1	9	1005
	高中心性学生座位行数	4.12	2.18	1	9	138
	非中心性学生座位行数	3.96	2.04	1	9	867
	全样本座位列数	5.99	3.34	1	11	1005
	高中心性学生座位列数	5.93	3.17	1	11	138
	非中心性学生座位列数	6.01	3.37	1	11	867

注：我们在计算学生物理距离时，一个过道计一个座位距离，统计学生座位列数时，过道算一列，故最大的座位列数是11列。

两轮排座后的总样本中，班级最小的座位行数为1行，最大的座位行数为9行，平均座位行数分别为3.93行和3.98行；第一轮随机排座后，137名高中心性学生的平均座位行数为4.07行；第二轮随机排座后，138名高中心性学生的平均座位行数为4.12行，因此，我们把坐在前面定义为其座位行数为小于或等于4行的学生，而坐在后面定义为座位行数大于4行的学生。按此标准，班级高中心性学生分成了坐在学生 i 前面与后面两个子样本。

面板实证结果显示：坐在学生 i 前面的高中心性学生对其学习成绩有显著的影响，且在6个中心性指标上均显著，即学生 i 离坐在前面的中心性学生越近，学习成绩受其影响越大，这种影响是通过观察模仿发挥作用的，而坐在学生 i 后面的高中心性学生对其学习成绩影响不显著。因此，班级社会网络中高中心性学生对班里其他学生发挥积极作用的影响，信息传播和模仿机制较好地解释了这种影响渠道。实证结果如表 4-13 所示。

表 4-13　　　　　　　　坐在前面的高中心性学生回归结果

变量	被解释变量：平均成绩					
	(1)	(2)	(3)	(4)	(5)	(6)
中心度中心性距离	-0.615 *** (-2.68)					
中介中心性距离		-0.462 ** (-2.11)				
亲近中心性距离			-0.783 *** (-3.33)			
特征向量中心性距离				-0.850 *** (-3.71)		
和谐亲密中心性距离					-0.586 *** (-2.69)	
局部特征向量中心性距离						-0.917 *** (-4.06)
个体特征	有	有	有	有	有	有
班级特征	有	有	有	有	有	有
家庭特征	有	有	有	有	有	有
常数	35.837 *** (9.82)	35.603 *** (9.72)	36.409 *** (9.97)	36.769 *** (10.06)	35.647 *** (9.8)	36.940 *** (10.13)
N	1069	1069	1069	1069	1069	1069

注：(1) 每一列代表一个单独的回归，所有的回归都控制了个体特征、班级特征和家庭特征。其中，个体特征主要变量：性别、年龄、身高、基准成绩；班级特征主要变量：学校、年级、班级、上课注意力、语文兴趣度、数学兴趣度及课堂学习（总分钟/周）、课外阅读（总分钟/周）；家庭特征主要变量：父母平均教育水平、父亲收入对数、家庭孩子数量、网上活动（总分钟/周）、做家务（总分钟/周）、看电视（总分钟/周）。(2) 圆括号内为 t 统计量。(3) ***、**、*分别表示在 1%、5% 和 10% 的水平上显著。(4) 实证分析中我们也考虑了 4 行后面的高中心性学生对其他学生的影响，对座位行数大于 5 行、大于 6 行和大于 7 行的学生均进行了分析，结果可见本章附表 A。我们发现坐在后面的高中心性学生对其他学生的也有影响，但不显著，这说明学生 i 更多是通过观察并模仿坐在班级前面的高中心性学生的学习行为，进而改进自己的学习行为来提高学习成绩，再次认证了班级网络中的影响可能是通过信息传播和模仿机制对其他学生发挥积极作用。

4.4 本章小结

本项随机排座的实验发现，在班级社会网络中，学生 i 与班内高中心性学生的平均物理距离越近，其学习成绩受其影响越大，且这种影响是正向的，能显著提高学生的平均成绩。进一步分析得出：班级内学生与高中心性学生的平均物理距离每减少 1 个座位，其平均考试成绩可提高 0.43 ~ 0.78 个标准差。

首先，高中心性学生一般是在班内学习成绩好，学习认真，以城镇户籍居多，且女生占比更高的群体，即俗称班内的"佼佼者"，这些学生以其自身所具有的个体特征影响着同龄人。其可能的影响机制是：学生 i 通过观察并模仿坐在班级前面的高中心性学生的学习行为，改进自己的学习行为来提高学习成绩。

其次，高中心性学生对班内其他学生的影响在不同的中心性指标方面有所不同。通过考察中心性 6 个方面的指标，简称为中心度中心性距离、中介中心性距离、亲近中心性距离、和谐亲密中心性距离、特征向量中心性距离、局部特征向量中心性距离，研究发现，在性别方面，男生受中心性学生的影响范围较女生大，而女生受中心性学生的影响程度较男生大；在不同分数段学生方面，平均分数为 80 ~ 90 分的学生，即中上等成绩的学生受班级中心性学生的影响较其他分数段的学生影响大；在年级方面，4 年级的学生受班级高中心性学生的影响较低年级和高年级的影响大；在是否担任班干部方面，非班干部的学生受班级高中心性学生的影响较大。

因此，班级网络内高中心性学生与普通学生之间的互动行为为理解小学生学业成长和人力资本积累提供了新的视角。探索不同的座位编排方式，注重班级社会网络中高中心性学生与其他学生不同座位距离的辐射作用，减小高中心性学生与其他学生的座位距离，尽量把他们安排在教室的前几排和班级的中间位置，不失为一个减少成本，提高学生成绩的方案。对某个体学生而言，离学习成绩好的城镇女生的座位越近，受其影响越大，自身考试成绩也会提高得越多。

本章附录

附表 A　　　　中心性距离对不同分数等级学生非认知能力的影响

类别	变量	开放度 (1)	责任感 (2)	外向性 (3)	亲和度 (4)	神经质 (5)
Panel A: 中心性距离对等级A学生非认知能力的影响	中心度中心性距离	0.131 ** (2.36)	0.073 (1.48)	0.066 (1.39)	0.004 (0.09)	− 0.025 (− 0.51)
	中介中心性距离	0.054 (0.96)	0.011 (0.21)	0.013 (0.28)	− 0.004 (− 0.08)	− 0.014 (− 0.29)
	亲近中心性距离	0.099 * (1.79)	0.055 (1.12)	0.044 (0.92)	− 0.019 (− 0.41)	0 (− 0.01)
	特征向量中心性距离	0.093 * (1.89)	0.039 (0.89)	0.026 (0.61)	− 0.008 (− 0.19)	0.005 (0.11)
	和谐亲密中心性距离	0.120 ** (2.3)	0.022 (0.47)	0.033 (0.74)	− 0.012 (− 0.29)	− 0.017 (− 0.38)
	局部特征向量中心性距离	0.124 ** (2.45)	0.069 (1.53)	0.049 (1.11)	− 0.004 (− 0.11)	0.004 (0.09)
	N	302	302	302	302	302
Panel B: 中心性距离对等级B学生非认知能力的影响	中心度中心性距离	0.004 (0.13)	0.054 (1.57)	− 0.011 (− 0.30)	− 0.022 (− 0.65)	0.007 (0.2)
	中介中心性距离	− 0.012 (− 0.37)	0.026 (0.81)	− 0.041 (− 1.22)	− 0.04 (− 1.23)	0.017 (0.5)
	亲近中心性距离	0.006 (0.17)	0.066 * (1.87)	− 0.012 (− 0.33)	− 0.048 (− 1.40)	0.022 (0.61)
	特征向量中心性距离	− 0.017 (− 0.49)	0.047 (1.38)	− 0.023 (− 0.65)	− 0.046 (− 1.37)	0.02 (0.58)
	和谐亲密中心性距离	0.017 (0.53)	0.097 *** (3.01)	0.001 (0.02)	− 0.042 (− 1.31)	0.031 (0.93)
	局部特征向量中心性距离	− 0.021 (− 0.60)	0.051 (1.46)	− 0.021 (− 0.58)	− 0.05 (− 1.44)	0.027 (0.76)
	N	554	554	554	554	554

续表

类别	变量	开放度 （1）	责任感 （2）	外向性 （3）	亲和度 （4）	神经质 （5）
Panel C： 中心性距 离对等级 C 学生非 认知能力 的影响	中心度中心性距离	0.02 （0.62）	0.016 （0.49）	0.057* （1.76）	0.021 （0.67）	0.036 （1.08）
	中介中心性距离	0.002 （0.06）	0.012 （0.39）	0.041 （1.32）	0.002 （0.05）	0.042 （1.33）
	亲近中心性距离	0.007 （0.23）	0.018 （0.52）	0.026 （0.78）	-0.001 （-0.04）	0.054 （1.59）
	特征向量中心性距离	0.011 （0.35）	-0.015 （-0.45）	0.011 （0.35）	0.002 （0.07）	0.072** （2.17）
	和谐亲密中心性距离	0.005 （0.16）	0.018 （0.58）	0.028 （0.94）	0.01 （0.36）	0.044 （1.42）
	局部特征向量中心性距离	0.008 （0.26）	-0.01 （-0.30）	0.012 （0.38）	-0.004 （-0.13）	0.070** （2.13）
	N	462	462	462	462	462
Panel D： 中心性距 离对等级 D 学生非 认知能力 的影响	中心度中心性距离	0.03 （0.93）	0.022 （0.730）	0.043 （1.33）	0.039 （1.17）	-0.007 （-0.22）
	中介中心性距离	0.007 （0.24）	-0.03 （-1.05）	-0.008 （-0.28）	-0.002 （-0.06）	0.026 （0.88）
	亲近中心性距离	0.018 （0.54）	-0.004 （-0.12）	0.004 （0.13）	0.016 （0.45）	0.012 （0.37）
	特征向量中心性距离	0.006 （0.18）	0.028 （0.88）	0.021 （0.63）	0.043 （1.24）	-0.008 （-0.23）
	和谐亲密中心性距离	0.024 （0.79）	0.015 （0.51）	0.009 （0.3）	0.037 （1.18）	-0.003 （-0.10）
	局部特征向量中心性距离	0.008 （0.25）	0.031 （1.00）	0.024 （0.75）	0.043 （1.30）	-0.008 （-0.24）
	N	481	481	481	481	481

附表 B　　　　　　　　**中心性距离对不同年级学生非认知能力的影响**

类别	变量	开放度 （1）	责任感 （2）	外向性 （3）	亲和度 （4）	神经质 （5）
Panel A： 中心性距离对三年级学生非认知能力的影响	中心度中心性距离	0.065 ** (2.06)	0.013 (0.46)	−0.011 (−0.36)	0.032 (1.02)	−0.001 (−0.04)
	中介中心性距离	0.016 (0.49)	−0.031 (−1.08)	−0.054 * (−1.82)	0.008 (0.27)	0.009 (0.27)
	亲近中心性距离	0.045 (1.30)	−0.009 (−0.28)	−0.047 (−1.47)	0.022 (0.65)	0.013 (0.35)
	特征向量中心性距离	0.048 (1.60)	0.015 (0.56)	−0.013 (−0.47)	0.012 (0.39)	0.022 (0.70)
	和谐亲密中心性距离	0.051 * (1.82)	0.024 (0.94)	−0.04 (−1.52)	0.019 (0.67)	0.006 (0.19)
	局部特征向量中心性距离	0.043 (1.35)	0.016 (0.55)	−0.017 (−0.57)	0.01 (0.33)	0.027 (0.78)
	N	523	523	523	523	523
Panel B： 中心性距离对四年级学生非认知能力的影响	中心度中心性距离	−0.011 (−0.36)	0.037 (1.21)	0.025 (0.85)	0.003 (0.1)	0.032 (1.14)
	中介中心性距离	−0.050 * (−1.81)	0.001 (−0.05)	−0.016 (−0.61)	−0.017 (−0.69)	0.034 (1.33)
	亲近中心性距离	−0.033 (−1.10)	0.019 (0.63)	−0.003 (−0.11)	−0.017 (−0.62)	0.047 * (1.69)
	特征向量中心性距离	−0.02 (−0.63)	0.014 (0.43)	−0.006 (−0.19)	−0.007 (−0.24)	0.056 * (1.93)
	和谐亲密中心性距离	−0.022 (−0.75)	0.026 (0.88)	0.007 (0.25)	−0.014 (−0.52)	0.054 ** (1.98)
	局部特征向量中心性距离	−0.017 (−0.55)	0.019 (0.6)	−0.003 (−0.09)	−0.007 (−0.23)	0.053 * (1.85)
	N	643	643	643	643	643
Panel C： 中心性距离对五年级学生非认知能力的影响	中心度中心性距离	0.031 (0.93)	0.034 (1.11)	0.045 (1.38)	−0.021 (−0.71)	−0.004 (−0.12)
	中介中心性距离	0.057 * (1.76)	0.03 (1.01)	0.029 (0.94)	−0.022 (−0.77)	0.008 (0.26)
	亲近中心性距离	0.052 (1.53)	0.062 ** (1.97)	0.036 (1.08)	−0.060 * (−1.96)	0.024 (0.77)
	特征向量中心性距离	0.021 (0.63)	0.035 (1.13)	0.02 (0.62)	−0.057 * (−1.90)	0.031 (1.00)
	和谐亲密中心性距离	0.038 (1.21)	0.051 * (1.74)	0.035 (1.15)	−0.028 (−1.00)	0.004 (0.13)
	局部特征向量中心性距离	0.028 (0.88)	0.039 (1.35)	0.021 (0.68)	−0.051 * (−1.79)	0.031 (1.08)
	N	633	633	633	633	633

附表 C　　　　　中心性距离对（非）班干部非认知能力的影响

类别	变量	开放度 （1）	责任感 （2）	外向性 （3）	亲和度 （4）	神经质 （5）
Panel A： 中心性距离对班干部学生非认知能力的影响	中心度中心性距离	0.043 (1.39)	0.048 (1.57)	0.047 (1.56)	−0.018 (−0.61)	−0.01 (−0.33)
	中介中心性距离	0.007 (0.24)	0.001 (0.03)	−0.021 (−0.69)	−0.051* (−1.77)	0.018 (0.60)
	亲近中心性距离	0.023 (0.72)	0.045 (1.43)	0.005 (0.16)	−0.061** (−2.02)	0.032 (1.02)
	特征向量中心性距离	0.026 (0.89)	0.039 (1.34)	0.005 (0.17)	−0.036 (−1.29)	0.015 (0.52)
	和谐亲密中心性距离	0.050* (1.76)	0.057** (2.04)	0.023 (0.84)	−0.045* (−1.67)	0.014 (0.52)
	局部特征向量中心性距离	0.031 (1.01)	0.050* (1.7)	0.015 (0.51)	−0.03 (−1.04)	0.014 (0.47)
	N	777	777	777	777	777
Panel B： 中心性距离对非班干部学生非认知能力的影响	中心度中心性距离	0.025 (1.17)	0.029 (1.43)	0.03 (1.42)	0.028 (1.34)	0.018 (0.85)
	中介中心性距离	0.007 (0.34)	0.008 (0.43)	0.015 (0.75)	0.008 (0.43)	0.025 (1.25)
	亲近中心性距离	0.02 (0.93)	0.02 (0.98)	0.02 (0.96)	0.012 (0.58)	0.022 (1.01)
	特征向量中心性距离	0.006 (0.27)	0.013 (0.64)	0.011 (0.53)	0.023 (1.07)	0.024 (1.10)
	和谐亲密中心性距离	0.014 (0.72)	0.03 (1.54)	0.015 (0.74)	0.032 (1.59)	0.017 (0.82)
	局部特征向量中心性距离	0.013 (0.62)	0.021 (1.05)	0.014 (0.69)	0.017 (0.81)	0.025 (1.18)
	N	1022	1022	1022	1022	1022

第5章

基于空间距离的同伴效应
与儿童人力资本

"近朱者赤，近墨者黑"的现象在经济社会群体中非常普遍。学生在不同能力的同群群体中会受到不同影响。近年来，大批学者关注学生群体中的能力同伴效应（Sacerdote，2014；Feld and Zölitz，2017；Carrell et al.，2018；Garlick，2018；Fritz Schiltz et al.，2019）。科尔曼（Coleman，1986）通过实证分析发现，相比学校投入，影响学生成绩最主要的因素是家庭背景和同伴效应。对农村基础教育阶段的小学生而言，许多农村儿童的父母外出打工，将未成年子女留在家乡，由隔代老人或其他亲人代为照管，父母在儿童成长中长期缺位（段成荣等，2014；范先佐和郭清扬，2015；李代和张春泥，2016）；而同班同学由于绝大部分时间在一起学习生活，同伴在其成长过程中的影响更加不容忽视。因此，探讨农村基础教育中通过班级有效的同伴分配和重组，整体提高农村学生的学习成绩，既是一种简单可行的低成本方案，又对农村学生整体学习成绩的提高，降低农村儿童辍学率具有重要意义。

那么，如何通过同伴分配和重组来提升学生整体的学习成绩呢？或者说在学生特征分布一定的情况下，如何将学生分配到班级内不同的群体中，以使教育产出的目标结果最大化？"近朱者赤"的研究给人们提供了一条思路，即将成绩差的学生从成绩较差的同伴群体转移到成绩较好的同伴群体中，他们的成绩可能会提高（Epple and Romano，2011；Sacerdote，2011；Feld and Zölitz，2017；Garlick，2018）。然而，另一方面，成绩较差的同伴也可能因其不良行为表现对成绩好的学生产生负外部性（Black et al.，2010；Lavy et al.，2012；Carrell et al.，2018）。那么，这两种相反的同伴效应强度分别如何，其影响的强度是不是对称的？如果不对称，两者合在一起的总效应是变大、变小，还是相互抵消？

以往大多数研究是在同一群体之间进行同伴效应的单向比较。例如，迪弗洛等（Duflo et al.，2011）、布伊吉等（Booij et al.，2017）、菲尔德和佐莱齐（Feld and Zölitz，2017）的研究表明，得分低的学生在相对同质的班级中表现更好，而得分高的学生则不然，但得分高与得分低的学生相互影响后的总效应却不得而知。也有少数直接比较住宅和教室/学习小组同伴效应大小，发现住宅内的同伴效应更大（Hoel et al.，2004；Jain and Kapoor，2015），但加里克（Garlick，2018）的研究发现宿舍内的同伴效应并不比跨班级或跨学习专业的同伴效应更强。还有研究从社会网络的双向视角论证了学生社会网络对其学业和整体发展的重要性（Bramoullé，2009；Lin，2010；Lin，2015；Jackson et al.，2012；Victor Lavy and Edith Sand，2018），班级网络的中心学生对其他学生的影响更大（王春超和肖艾平，2019）。

5.1　非对称同伴效应的空间视角

随着空间计量的发展，大量文献也认为空间距离的邻近会增加学生之间的互动，这种网络中的互动会产生同伴效应（Yves Zenou et al.，2009；Goldsmith-Pinkham et al.，2013），但网络中固有的内生性问题，使网络中的同伴效应识别存在困难。林（Lin，2010，2015）使用空间自回归（SAR）模型，很好地识别了情境效应、内生效应和相关效应。而最新关于同伴效应的研究文献表明，只有当学生相互接近并产生社会互动时，空间邻近上的同伴效应才会产生（Garlick，2018）。因此，研究学生在班级空间网络中的同伴效应，不容忽视的因素是空间上的邻近性。

本章在以往研究的基础上，以湖北三所农村小学共计 21 个班级的三至五年级 1005 名学生为跟踪研究对象，采用空间计量经济学方法（Anselin，2013；Lin，2010；Lin，2015），探究班级学生随机分配座位后，学生周边是能力较强的学生或周边是能力较弱的学生的非对称同伴效应大小。我们定义的"学生周边"是运用空间权重矩阵来设定的。本章把每一个学生看成班级网络中的一个节点，由随机排座后的学生座位行与列，构造出学生座位的空间权重矩阵。然后比较在同一班级中，学生周边是能力较强的与能力较弱的同伴效应有什么不同，分析同一群体非对称的同伴效应，进一步探讨不同性别、家庭经济地位、非认知水平的非对称同伴效应异质性，以及可能产生的机制。

本章研究的主要贡献体现在以下三个方面。第一，我们在对同伴效应的研究视角上克服了以往文献的单向分析，而是重点考虑同伴在社会网络交互中的双向性特点，即在一个同伴群体中，同时分析了学生周边是能力较强的群体与能力较弱的群体的效应大小，比较这两种非对称的同伴效应。我们的研究为全面理解同伴效应做出了边际贡献。第二，本章的研究试图解决同伴效应中的内生性问题。为了克服曼斯基（Manski，1993）提出同伴效应估计的自选择、反向因果与测量偏误三大内生性问题。我们在对学生进行随机排座后，运用空间自回归模型对非对称的同伴效应进行估计。学生周边是能力较强的学生与能力较弱的学生均通过座位坐标，精确定位每位学生的具体网络位置，继而建立空间权重矩阵来代表"周边"，用随机形成的物理距离来确定周边的同伴，较好地解决了同伴效应研究中的自选择问题。同时，因为同伴影响个体，反过来个体的特征也会影响同伴，我们用空间计量模型估计了同一群体中的双向同伴效应大小。使用空间计量方法对同伴效应在学生学习结果的作用研究，是对现有同伴效应实证文献的一个重要改进，有助于更精准识别同伴效应及其非对称性。第三，本章运用了持续一个学年的面板数据，考察了班级网络中非对称同伴效应的动态变化。本章的研究是对现有社会网络中的同伴效应文献的进一步拓展与延伸。以期为同伴效应研究提供实证依据，扩展社会网络中空间距离与学生成绩关系的研究，进而为班级管理者和社会政策制定者提供参考。

5.2 数据及变量

5.2.1 数据来源及变量描述

本章所用数据主要来源于第四章在湖北省某县三所农村小学开展的随机排座实验，该实验共收集了三至五年级1005名（共计21个班级）学生的两轮调查问卷、5次考试成绩和两轮随机座位表信息。由于研究对象没有变化，两轮调查问卷的问题具有很高的重合度，覆盖了本章研究的变量数据，根据后文的研究需求，我们分别将这些数据组合为面板数据。本章所用的主要变量描述见表5－1。

表5－1　　　　　　　　　　　主要变量描述性统计

	变量	均值	标准差	最小值	最大值	样本量
成绩	平均基准成绩	76.04	15.38	3.5	99	1930
	平均期中成绩	75.3	14.64	5.67	98.33	1924
	平均期末成绩	76.48	14.93	0	102.5	1921
个体特征	性别	0.56	0.5	0	1	1932
	年龄	9.52	1.2	0	16	1932
	学校	2.17	0.82	1	3	1932
	年级	4.09	0.79	3	5	1932
	身高	138.8	9.02	100	174	1932
	体重	59.05	14.91	30	150	1932
家庭特征	父母平均教育水平	3.23	1.03	1	6	1932
	父母收入对数	9.64	3.35	0	15.11	1893
	上课专注度	1.7	0.53	0	2	1932
	家中孩子数量	1.27	1.32	1	6	1858
	书本数量	23.14	56.33	0	865	1919
	户口	0.51	0.5	0	1	1932

续表

变量		均值	标准差	最小值	最大值	样本量
课外时间	课堂学习（总分钟/周）	46.46	46.35	0	451	1921
	课外阅读（总分钟/周）	27.7	29.95	0	360	1932
	上网活动（总分钟/周）	21.43	35.81	0	360	1932
	看电视（总分钟/周）	44.41	45.31	0	377.5	1932
	做家务（总分钟/周）	17.6	25.48	0	300	1932
	干农活（总分钟/周）	5.66	17.89	0	283.5	1932

注：在成绩信息表中，有学生没有参加考试，故平均考试分数的最小值为0；少数学生有加分题，单科成绩超过了100分，故有最大值为102.5分。

5.2.2 空间计量模型

由于班级学生在互动时，更多存在于座位周围，尤其是座位邻近的同学（Lu and Anderson，2015），因此考虑学生座位周边的同伴效应意义更大。本章通过获取班级学生随机排座后的座位坐标后，估计任意一个学生 i 座位周边不同能力的同伴对其学习成绩的溢出作用，具体来说，即学习成绩高于学生 i 与低于学生 i 的非对称同伴效应。本章把学生 i 的座位周边定义为前后＋左右＋斜前斜后的同学，因此，学生 i 座位周边的同学最大值为5人，最小值为3人[①]，座位周边学生数如图5-1所示。

若某一学生 i 的座位坐标是1-1，见图5-1标注五角星形的位置，则他（她）的座位周边同学共有3人，分别为1-2、2-1、2-2；若某一学生 i 的座位坐标是3-3，如图5-1标注三角形的位置，则座位周边同学共有5人，座位坐标分别为2-3、2-4、3-4、4-3、4-4；同理，若某一学生 i 的座位坐标是5-7，见图5-1圆形的位置，则座位周边分别是5-7、4-8、5-8这三人了，隔着走道的不计算为周边。

---

① 若学生 i 坐在最后或者最前排且没有同桌，即一个人单桌，则座位周边同伴为2人。

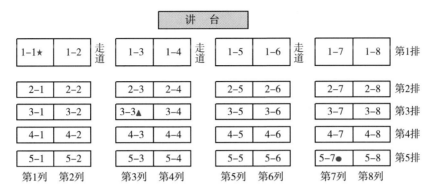

图 5 - 1 学生座位周边同学的界定

5.3 空间计量模型

班级学生座位的邻近会增加学生之间的互动，而这种互动会产生同伴效应。本章使用空间计量方法来估计同伴对学生学习结果的作用，是对现有同伴效应实证文献的一个重要改进。

（1）空间自相关分析

按空间计量的原理及一般方法，采用空间模型进行同伴效应分析前，需要检验模型最小二乘回归残差中（学生平均成绩）是否存在空间自相关性。如果存在，则说明 OLS 回归不是最优线性无偏估计量，可以通过建立空间计量经济模型消除空间自相关，同时对同伴溢出效应进行估计。空间相关性的检验，可采用空间自相关指数 Moran's I（Anselin，1988），其定义为：

$$Moran's\ I = \frac{\sum_{i=1}^{n}\sum_{j=1}^{n} w_{ij}e_i e_j}{S^2 \sum_{i=1}^{n}\sum_{j=1}^{n} w_{ij}} \tag{5-1}$$

其中，$s^2 = \frac{1}{n}\sum_{i=1}^{n} e_i \circ e_i$ 表示 OLS 回归中第 i 个残差，n 为学生总数，w_{ij} 为二进制的邻接空间权重矩阵中第 (i, j) 个元素，其目的是定义空间对象的相互邻接关系。本章的空间权重矩阵的 w_{ij} 定义为：

$$w_{ij} = \begin{cases} 1 & \text{学生 } i \text{ 与学生 } j \text{ 相邻；} \\ 0 & \text{学生 } i \text{ 与学生 } j \text{ 不相邻。} \end{cases} \qquad (5-2)$$

残差的 Moran's I 统计量是渐进正态分布的（Kelejian and Prucha，2001）。若 Moran's I 显著，则表示模型中存在显著的空间自相关性，需要使用空间计量方法进行消除。表 5 - 2 是对学生进行两轮随机排座后计算的 Moran 指数检验值。从表 5 - 2 中可知，Moran' I 的检验均通过 1% 显著性水平的检验，表明两轮随机排座后，模型中存在显著的正向空间相关性，需要使用空间计量模型。

表 5 - 2　　　　　　　　两轮随机排座后 Moran's I 检验值

第一轮排座		第二轮排座	
Moran's I 统计量	3.1508	Moran's I 统计量	5.5153
P 值	0.0016	P 值	0

（2）空间回归模型

空间回归模型是将空间效应项加入模型，其基本形式包括空间误差、空间滞后和自变量空间滞后三种模型。同伴效应在空间上的表现一般为空间溢出效应，为了分别量化能力较强的同伴与能力较弱的同伴的非对称同伴效应，本章引入了空间滞后模型。一方面，空间滞后模型将空间溢出效应加入模型，一般加入的方式分为三类：自变量空间滞后、因变量空间滞后和误差项空间滞后。而同伴效应所对应的空间溢出是同伴个体的综合表现的溢出效应，而不是同伴某一特征的溢出效应，因此影响成绩的所有因素均可能产生空间溢出效应，故而是因变量（成绩）的空间溢出，因此本章选择使用因变量空间滞后模型进行分析。另一方面，本章采用双空间滞后模型用以区分非对称的同伴效应。空间权重矩阵使用相对稳健的邻接权重矩阵，而模型的估计方法使用空间两阶段最小二乘估计（Anselin，1980；1988）。

在许多关于社会互动的文献中，关键的问题是如何理解这些不同的互动类型并正确地识别模型。空间计量经济学技术在估计社会互动中的应用被认为提供了改进的识别（Bramoullé，Djebbari and Fortin，2009），特别是林（Lin，2010）认为空间自回归（SAR）模型提供了足够的信息来识别内生和外生效应，因此避免了反向选择的问题（Ajilore et al.，2014）。本章结合研究实际，设定的空间自回归模型如下：

$$Y = \rho_1 \times W_1 \times Y + \rho_2 \times W_2 \times Y + X \times b + e \qquad (5-3)$$

其中，Y 代表所有学生随机排座后的平均标准化成绩，X 为控制变量，包括平均基准成绩和学生所有特征，e 为误差项，ρ_1，ρ_2，b 为回归系数。W_1，W_2 为空间权重矩阵，W_1 中的每个元素设定为：$w_{ij} = 1$，表示第 i 个同学与第 j 个同学相邻，并且 i 同学成绩低于相邻同学平均成绩；$w_{ij} = 0$，代表其他情况。W_2 中的每个元素设定为：$w_{ij} = 1$，表示第 i 个同学与第 j 个同学相邻，并且 i 同学成绩高于相邻同学平均成绩；$w_{ij} = 0$，代表其他情况。如果将 W_1 与 W_2 求和即为经典的邻接权重矩阵。本章将经典的邻接权重矩阵分解为 W_1，W_2 两部分，W_1 用于识别能力较强的同伴溢出效应，W_2 用于识别能力较弱的同伴溢出效应，W_1，W_2 同时放入一个模型中，即可识别出能力较强的同伴与能力较弱的同伴之间的非对称同伴效应。模型的估计方式采用阿斯林（Anselin，1988）提出的空间两阶段最小二乘估计（Spatial Two Stage Least Squares，S2SLS）。

 5.4 实证结果分析

5.4.1 处于高（低）分群体中学生的非对称结果

班级座位随机分配后，学生座位周边的同伴群体也是随机的，那么，学生受到座位周边高分群体与低分群体的溢出效应是否相同？本章把学生座位周边所有同学成绩高（低）于本人的界定为高分群体，把学生座位周边同学所有成绩低于本人的界定为低分群体。表5-3是两轮随机排座后，分别处于高（低）分同伴群体中学生成绩双向同群效应结果。其中，列（1）和列（2）采用空间计量模型估计的结果，列（3）和列（4）是普通 OLS 回归的结果。

表 5 - 3　　　　　　　　　　处于高（低）分群体中的非对称结果

模型	S2SLS		OLS	
	第一轮排座 （1）	第二轮排座 （2）	第一轮排座 （3）	第二轮排座 （4）
周围同学成绩高于本人的系数 P_1	0. 076 * (2. 294)	0. 103 ** (3. 032)		
周围同学成绩低于本人的系数 P_2	0. 130 *** (3. 557)	0. 172 *** (4. 582)		
常数项	9. 581 (1. 82)	3. 698 (0. 885)	9. 690 (1. 981)	2. 854 (0. 568)
平均基准成绩	0. 713 *** (35. 364)	0. 808 *** (36. 003)	0. 796 (48. 390)	0. 923 (49. 793)
school_1	− 0. 031 (− 0. 05)	− 2. 659 *** (− 4. 356)	0. 190 (0. 297)	2. 971 (4. 571)
school_2	3. 577 *** (6. 013)	2. 714 *** (4. 509)	3. 734 (6. 148)	3. 328 (5. 388)
个体特征	有	有	有	有
家庭特征	有	有	有	有
课外时间	有	有	有	有
观测值	955	955	955	955
R − squared	0. 762	0. 785	0. 744	0. 762
Rbar-squared	0. 757	0. 78	0. 739	0. 757
sigma^2	48. 53	48. 38	52. 136	53. 508
Durbin-Watson	1. 651	1. 778	1. 617	1. 773

注：（1）这里的相邻定义为周围所有同学的空间权重矩阵，相邻为横纵坐标相差均不大于 1 个座位的同学。个体特征主要变量：性别、年龄、学校、年级、身高、体重。家庭特征主要变量：父母平均教育水平、父母收入对数、上课专注度、家庭孩子数量、书本数量、户口；课外时间主要变量：课堂学习（总分钟/周）、上网活动（总分钟/周）、做家务（总分钟/周）、看电视（总分钟/周）、干农活（总分钟/周）、课外阅读（总分钟/周）。（2）圆括号内为 t 统计量。（3）***、**、*分别表示在 1%、5% 和 10% 的水平上显著。

表 5 - 3 的空间计量结果表明，学生成绩会受到周边同伴的显著影响，处于不同同伴群体中所产生的空间效应不同。在第一轮随机排座后，处于

高分群体的系数 $p_1 = 0.076$，处于低分群体的系数 $p_2 = 0.130$，这说明当周围同学成绩越高时，会显著正向影响本人的成绩。具体来说，当周围同学平均成绩高于本人成绩时，周围同学成绩提高 1 个标准差，本人成绩提高 0.076 个标准差；当周围同学平均成绩低于本人成绩时，周围成绩提高 1 个标准差，本人成绩提高 0.130 个标准差。第二轮随机排座也得到类似的结论。

总体而言，表明学生成绩会受到周围环境（周围同学平均成绩）的影响，但处于有利于本人的环境（高分群体）和不利于本人的环境（低分群体）的影响存在差异。无论处于高分群体还是低分群体中，当周围同学平均成绩提高时，本人成绩均会提高，但处于低分群体中本人成绩相对提高得更多。而当周围同学平均成绩降低时，本人成绩均会降低，且当本人处在低分群体中，周围同学成绩对本人的负向影响大于正向影响。

5.4.2 处于高（低）分群体中男（女）生非对称结果

为了比较不同性别在高（低）分群体中的双向同群效应结果，本章控制了学生个体特征、家庭特征和学校特征后，对学生性别的同伴效应进行了空间计量估计。表 5-4 是处于高（低）分群体中，男女学生成绩的非对称结果。与表 5-3 结果类似，在两轮排座中，无论是男生还是女生，周边同学的成绩对本人都有显著的影响，且周边同学成绩低于本人对本人的负向影响大于周边同学成绩高于本人的正向影响。其中，从性别的异质性来看，周边同学成绩无论是高于本人还是低于本人，对男生均有显著的影响（$P_1 = 0.139$；$P_2 = 0.156$）；成绩高于本人能显著提高男生成绩，成绩低于本人对男生有显著负向影响，且负向影响大于正向影响。

表 5-4   处于高（低）分群体中男（女）生非对称结果

模型	第一轮排座	第二轮排座
本人是男生且周围同学成绩高于本人的系数 P_1	0.102 * (2.25)	0.139 *** (3.447)
本人是男生且周围同学成绩低于本人的系数 P_2	0.156 ** (3.18)	0.121 * (2.52)

续表

模型	第一轮排座	第二轮排座
本人是女生且周围同学成绩高于本人的系数 P_3	0.065 (1.49)	0.207 *** (4.706)
本人是女生且周围同学成绩低于本人系数 P_4	0.119 * (2.544)	0.194 *** (3.726)
常数项	10.506 (1.84)	− 0.108 (− 0.018)
平均基准成绩	0.711 *** (35.241)	0.800 *** (35.77)
school_1	− 0.024 (− 0.039)	− 2.580 *** (− 4.158)
school_2	3.550 *** (5.972)	2.899 *** (4.747)
个体特征	有	有
家庭特征	有	有
课外时间	有	有
R-squared	0.763	0.787
Rbar-squared	0.757	0.781
sigma^2	48.499	48.088
Durbin-Watson	1.653	1.806

注：（1）个体特征主要变量：性别、年龄、学校、年级、身高、体重。家庭特征主要变量：父母平均教育水平、父母收入对数、上课专注度、家庭孩子数量、书本数量、户口；课外时间主要变量：课堂学习（总分钟/周）、上网活动（总分钟/周）、做家务（总分钟/周）、看电视（总分钟/周）、干农活（总分钟/周）、课外阅读（总分钟/周）。（2）圆括号内为 t 统计量。（3） *** 、** 、* 分别表示在1%、5%和10%的水平上显著。

值得注意的是，对女生而言，女生会显著受到座位周边低分同伴的负向影响（$P_1 = 0.119$；$P_2 = 0.194$）；而如果座位周边是成绩高于本人的同伴，女生成绩会有所提高，但提高程度不同。在第二轮排座中，女生的成绩因座位周边高分同伴而显著地提高。这也说明，与男生相比，女生更容易受到周边高质量同伴的影响，这与弗莱彻和克姆（Fletcher and Kim，2019）的结果一致。其中可能的解释是女生融入与成功参与学校环境的程度更高，对环境的主观评价度更高（Durlauf，2004；Fletcher and Kim，2019）。

5.4.3 同桌高（低）于本人的非对称结果

本章随机排座后，同桌需保持不变，由于同桌之间的互动更为频繁，因此，相比周边其他同伴，同桌对学生成绩的影响会更大。鉴于此，我们考察了同桌成绩高于本人与低于本人的非对称结果。表 5−5 结果表明，按照同桌反映的相邻情况与之前存在差异，当同桌成绩高于本人时，对其没有正向的溢出效应（$P_1 = -0.01$；$P_1 = -0.014$），当同桌成绩低于本人时对其有溢出效应（$P_2 = 0.023$；$P_2 = 0.019$）。说明仅考虑同桌的话，成绩较差的同桌会不利于本人成绩，但成绩较好的同桌并不会有利于本人成绩，且这种空间效应小于考虑周围所有同学。导致该结果的原因可能是一个学生的成绩不仅受到同桌的影响，也会受到周围其他同学的互动影响。可能由于其他同学的影响导致同桌的影响识别存在一定的偏误。

表 5−5　　　　　　　相邻定义为同桌的空间权重矩阵结果

模型	第一轮排座	第二轮排座
同桌同学成绩高于本人的系数 P_1	− 0.01 （− 1.195）	− 0.014 （− 1.646）
同桌同学成绩低于本人的系数 P_2	0.023 * （2.36）	0.019 （1.886）
常数项	11.925 * （2.438）	4.853 （0.964）
平均基准成绩	0.765 *** （43.025）	0.889 *** （44.364）
school_ 1	− 0.253 （− 0.398）	− 2.894 *** （− 4.488）
school_ 2	3.728 *** （6.183）	3.386 *** （5.53）
个体特征	有	有
家庭特征	有	有
课外时间	有	有
R-squared	0.749	0.767

续表

模型	第一轮排座	第二轮排座
Rbar-squared	0.744	0.761
sigma^2	51.113	52.505
Durbin-Watson	1.621	1.769

注：（1）个体特征主要变量：性别、年龄、学校、年级、身高、体重。家庭特征主要变量：父母平均教育水平、父母收入对数、上课专注度、家庭孩子数量、书本数量、户口；课外时间主要变量：课堂学习（总分钟/周）、上网活动（总分钟/周）、做家务（总分钟/周）、看电视（总分钟/周）、干农活（总分钟/周）、课外阅读（总分钟/周）。（2）圆括号内为 t 统计量。（3）***、* 分别表示在1%和10%水平上显著。

5.5 稳健性检验与排座策略

5.5.1 安慰剂检验（placebo test）

为进一步证实学生 i 的成绩与邻座周边学生之间存在显著的正向空间相关性，验证学生受到座位周边不同能力学生的非对称影响，本章借鉴阿巴迪等（Abadie et al.，2010）的安慰剂检验（placebo test）思想，假定学生 i 与邻座周边以外的学生（任意不相邻的学生）均存在空间依赖性，并随机生成空间权重矩阵后，把随机的空间权重矩阵纳入原模型中求解，表5-6是随机生成空间权重矩阵后的估计结果。

表5-6   随机空间权重矩阵的估计结果

变量	第一轮排座	第二轮排座
pW_1y（周围同学成绩高于本人）	-0.010 (-1.232)	-0.024 (-0.749)
pW_2y（周围同学成绩低于本人）	0.001 (0.145)	-0.006 (-0.991)
常数项	10.537 (2.128)	4.910 (0.883)

变量	第一轮排座	第二轮排座
平均基准成绩	0.795 (48.357)	0.924 (49.748)
school_1	−0.182 (−0.285)	−3.014 (−4.624)
school_2	3.733 (6.145)	3.310 (5.352)
个体特征	有	有
家庭特征	有	有
课外时间	有	有
观测值	955	955
R-squared	0.744	0.762
Rbar-squared	0.739	0.757
sigma^2	52.143	53.552
Durbin-Watson	1.620	1.773

注：（1）个体特征主要变量：性别、年龄、学校、年级、身高、体重。家庭特征主要变量：父母平均教育水平、父母收入对数、上课专注度、家庭孩子数量、书本数量、户口；课外时间主要变量：课堂学习（总分钟/周）、上网活动（总分钟/周）、做家务（总分钟/周）、看电视（总分钟/周）、干农活（总分钟/周）、课外阅读（总分钟/周）。（2）圆括号内为 t 统计量。

本章随机生成了两个空间权重矩阵，分别是学生 i 邻座周边同学成绩高于本人，记为 W'_1，学生 i 邻座周边同学成绩低于本人，记为 W'_2。从表 5 - 6 结果可知，无论是周边同学成绩高于本人还是周边同学成绩低于本人，两轮排座后的系数都不显著，并且值为负。这是因为随机生成的空间权重矩阵没有考虑实际学生座位在空间上的相关性，因而不存在显著的空间依赖，拒绝了学生 i 与邻座以外的任意一名同学都存在空间相关的假定。

5.5.2　空间模拟排座

在上面的分析中，我们发现学生会受到周边同伴的影响，处于能力较强的同伴群体与处于能力较弱的同伴群体的效应不对称，周边同伴成绩的提高会带动学生本人成绩的提高，但同时，周边同伴成绩的下降也会降低该学生的成绩，但处于能力较弱的同伴群体中受到的负向影响大于处于能力较强的同伴群体中的正向影响。也就是说，"近朱者赤，近墨者黑"，而"近墨者黑"的负外部性大于"近朱者赤"的正外部性。由于空间效应存在非对称性，不同的座位分配将会带来不同的影响。那么，在学生特征既定的情况下，如何对班级座位进行最优分配，才能最大限度地提高班级整体学习成绩呢？

为得到学生最优化排座后的总效应，本章根据空间自回归模型，在理论上对现实排座进行了模拟排座的探讨。分别模拟了三种不同的座位分配方式，并比较不同座位分配下班级总的平均成绩。本章试图将学生之间产生的空间效应消除，得到无空间效应的学生平均成绩 $y^\sim = (I - p_1 W_1 - p_2 W_2) y$ 为 68.6004。然后，根据无空间效应的学生成绩，模拟三种学生座位安排，重新施加空间效应 $y^* = (I - p_1 W_1^* - p_2 W_2^*)^{-1} y^\sim$。具体模拟排座的结果如下。

（1）高分与低分学生相间排座

如何在学生特征一定的条件下，优化班级整体学习成绩呢？现实中常见的做法是让能力较弱的学生与能力较强的学生搭配在一起成为同桌，充分发挥能力较强的学生的正外部性，使其通过良好的学习习惯对能力较弱的学生起到榜样和激励作用，进而提高能力较弱的学生的学习成绩，达到班级整体成绩的最优化。本章在这种强弱配对的思路下，把班级学生的成绩按从高到低的顺序进行排座，从左边第 1 列开始排座，第一排的座位坐标 1-1 排第 1 名，1-3 排第 2 名，1-5 排第 3 名，1-7 排第 4 名；第二排的座位坐标 2-2 排第 5 名，2-4 排第 6 名，2-6 排第 7 名，2-8 排第 8 名，后面均按前面所述规律进行相间排座。能力较强的学生排好座位后，配对同桌，坐标 1-2 排倒数第 1 名，1-4 排倒数第 2 名，1-6 排倒数第 3 名，1-8 排倒数第 4 名，第二排与前面一样进行相间排座。具体排座如图 5-2 所示。

这样相间的座位安排方式，保证了相邻排的能力较强的学生与能力较弱的学生的左右位置相反，使学生成绩的分布符合相间性特点。施加空间效应后，模拟相间排座后的班级整体平均成绩为：$y_1^* = (I - p_1 W_1^* - p_2 W_2^*)^{-1} y^{\tilde{}} = 76.5571$。

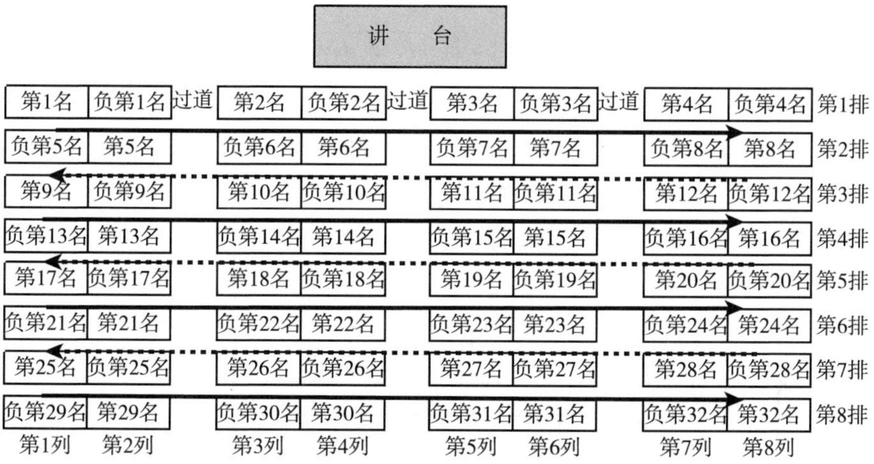

图 5-2 相间排座模拟座位

（2）按高—低分从班级中心到边缘位置的环形排座

如果把班级座位视为学生之间的网络坐标位置，在网络中不同位置受其他学生的影响如何？王春超和肖艾平（2019）发现班级网络中，高中心性学生对其他学生学习成绩的影响更大。为更直观地表示出学生因不同座位安排的总体效应，本章按学生成绩高低，首先模拟了把成绩第1名的学生排在班级最中心的位置，然后按成绩降序依次从中心到边缘进行环形排座，具体排座如图5-3所示。施加空间效应后，模拟高—低成绩从中心到边缘环形排座的班级整体平均成绩为：$y_2^* = (I - p_1 W_1^* - p_2 W_2^*)^{-1} y^{\tilde{}} = 76.7578$。

（3）按低—高分从班级中心到边缘位置的环形排座

如果按成绩低—高顺序从中心到边缘环形排座，班级整体平均成绩如何？本章接着模拟了把成绩倒数第1名的学生排在班级最中心的位置，按成绩升序依次从中心到边缘进行环形排座，排座方式和图5-3类似，只是把成绩的正向名次全部换成负向名次。施加空间效应后，模拟低—高成绩从中心到边缘环形排座的班级整体平均成绩为：$y_3^* = (I - p_1 W_1^* -$

$p_2W_2{}^*)^{-1}\tilde{y} = 77.2346$。

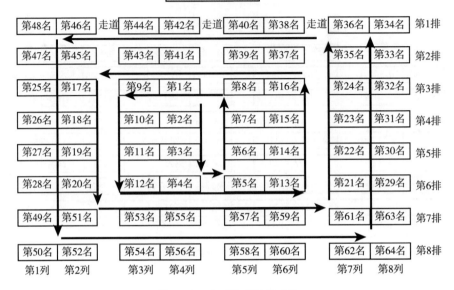

图 5 - 3　环形排座模拟座位

综上分析，本章模拟了三种座位安排后班级整体平均成绩。表 5 - 7 列出了模拟排座与原始排座后学生平均成绩对比。我们发现，模拟排座后，高低分环形排座的效果比原始随机排座的要好，而高低分相间排座的学生平均成绩低于原始随机排座后的成绩。如表 5 - 7 所示，方案一的平均成绩低于原始方案，方案二和方案三的平均成绩均高于原始方案。值得注意的是，按成绩进行低—高分升序环形排座后，学生平均成绩是最高的。但在现实常规排座中，班主任老师一般会倾向把表现不好的低分学生排在边缘靠后的位置，以避免他们影响到其他学生的学习。而本章通过模拟发现，把低分学生排在班级中心位置，学生的总体平均成绩会更高。这可能因为一方面低分学生坐到教室中心位置后，周围都是成绩相对比自己好的同学，因此会受到外围能力较强同伴的正向溢出效应。另一方面是从座位的角度来看，中心位置将受到更多注视，因而无形中坐在中心位置的学生可能受到的监督更多，因而倾向表现出更好的学习效果。当然，由于在现实中班主任老师不可能完全按学生成绩进行排座，本章结果也只是对不同座位安排方式的模拟，因此，实际结果还需要现实的检验。

表5－7　　　　　　　　模拟排座与原始排座学生平均成绩对比

排座方案	原始方案	方案一	方案二	方案三
	随机排座	高—低分相间排座	高—低分降序环形排座	低—高分升序环形排座
学生平均成绩	76.7003	76.5571	76.7578	77.2346

5.6　本章小结

　　本章采用空间自回归模型，从学生座位周边同伴的微观视角，定量估计了班级学生随机排座后，因座位空间距离的变化，学生周边分别是成绩较好的群体与周边是成绩较差的群体的同伴效应大小。本章发现学生的学习成绩会受到邻座周边同伴的影响，但周围是成绩较好的群体与成绩较差的群体的同伴效应非对称。具体而言，学生处于成绩较好的同伴群体中，能力较强的同伴的成绩每提高 1 个标准差，本人成绩会提高 0.076 ~ 0.103 个标准差；而处于成绩较差的同伴群体中，能力较弱的同伴的成绩每降低 1 个标准差，本人成绩会降低 0.130 ~ 0.172 个标准差。在控制了其他因素不变的前提下，学生受到周边成绩较差的同伴的影响大于周边成绩较好的同伴的影响。

　　在异质性分析方面，学生的性别、同桌成绩也受到同伴的非对称影响。周边是成绩较好的同伴的正向效应，使男生成绩提高 0.102 ~ 0.139 个标准差，使女生成绩提高为 0.065 ~ 0.207 个标准差；而周边是成绩较差的同伴的负向效应，使男生成绩降低 0.121 ~ 0.156 个标准差，使女生成绩降低 0.119 ~ 0.194 个标准差。无论男生还是女生，周边是成绩较差的同伴的负向影响均大于正向影响，相比男生，女生受到周边成绩较好的同伴的正向影响程度更大。考察同桌的同伴效应后，我们发现同桌成绩高于本人时，对其没有正向的溢出效应；而当同桌成绩低于本人时对其有溢出效应。

本章发现学生 i 的学习成绩会受到座位周边同伴成绩的显著影响，这种影响是因为学生 i 与邻座周边的学生存在空间依赖性，对于班级学生而言，座位的邻近意味着空间距离的缩小，而空间距离减小会给学生之间的互动提供便利，在一定程度上增加了学生与周边学生交流的机会与频率。本章发现座位周边是成绩较差的同伴的负向溢出效应大于成绩较好的同伴的正向溢出效应，因此，考察对学生进行最优的座位分配，最大限度提高班级整体学习成绩是本章主要探讨的方向。进一步，本章通过对学生进行空间模拟排座后，发现相比随机排座与好生差生相间排座的传统模式，把低分学生安排在班级中心位置的环形排座，能使班级学生的总体平均成绩更高。

综上所述，本章研究得到学生会受到周边同伴的非对称影响。成绩较差的同伴比成绩较好的同伴对学生的负向溢出效应更大，即："近墨者"的"黑"在程度上大于"近朱者"的"赤"。因此，本章建议农村学校通过优化学生班级座位分配，有效发挥成绩较好的学生的正向溢出效应，同时，需多关注学习成绩表现较差的学生，适当把他们安排在教室中心位置，使其感受到集体的关注，提高内在学习动力，提升班级学生整体学业表现，从而进一步提高农村儿童人力资本的投入产出效率。

值得注意的是，由于现实实验条件有限，本章实验得到的结论是随机排座后非对称的同伴效应，为了与原始方案对比，本章分别模拟了按成绩排名进行高低分相间排座、高—低分降序环形排座和高—低分升序环形排座三种方案。虽然模拟的结果中，高—低分升序环形排座，学生的整体平均成绩最优，但还需进行现实实验的检验。在既定的班级社会网络中，对学生进行座位的分配与重组，使同伴之间充分发挥正向的溢出效应，使整体学习成绩达到最优，这既是同伴效应研究中的一个难点，也是学校管理者及班主任的现实困惑。本章在这方面进行了先行探索，对比了几种排座方案的结果，模拟排座的现实效果也是本章后期进一步研究的方向。

第6章

基于随机学习小组结构的
同伴效应与儿童人力资本

近年来，随着心理认知科学的发展及微观数据的丰富细化，对个人能力的精确测量逐渐成为可能。库尼亚和赫克曼（Cunha and Heckman，2007）等最新研究进展重新对传统人力资本进行了定义，提出以个人能力为主体的新人力资本发展理论，采用认知能力和非认知能力作为人力资本的代理。

越来越多的理论与实证表明，由于儿童的能力具有很强的可塑性，因此，对儿童进行早期的人力资本投资要比晚期的干预重要得多（Cunha and Heckman，2007；Heckman，2004；Heckman and Mosso，2014）。对农村基础教育阶段的小学生而言，其早期人力资本积累主要是通过接受学校教育完成的，小学阶段的教育质量和水平对个人成长至关重要，甚至影响到成年后的教育、职业发展及劳动力市场的回报（Heckman，2008；Heckman and Mosso，2014）。然而，我国目前农村基础教育中课堂教学现状不容乐观，传统课堂教学中的"一言堂、满堂灌"现象时有发生，教学方式单调，方法传统，学生往往学习动力不足，创新合作及受挫能力总体上比较弱，这极大限制了农村学校的教学质量，不利于农村教育水平的提高和教育全民化的实现。因此，创新教学方式，提高课堂效率，全面提升学生人力资本水平，既是农村小学教育中的当务之急，也是社会各界普遍关注的热点问题，具有重要的实践意义和理论价值。

6.1 随机学习小组概述

我国早在 2001 年就进行了新一轮的基础教育改革，倡导在教育教学中要以学生为中心，注重学生综合能力的培养。《国家中长期教育改革和发展规划纲要（2010—2020 年)》也明确提出："创新人才培养模式，注重学思结合，倡导启发式、探究式、讨论式、参与式教学，帮助学生学会学习。"在此背景下，提高课堂教学质量，打造高效课堂刻不容缓。学习小组（team learning）是高效课堂教学活动的基本单位，其小组成员的学习水平高低，代表着班级全体学生的学习状况。以往的教育教学实践及研究表明，小组合作学习对学生的学习态度、同伴关系、学习成绩、合作精神和综合能力等发展都具有非常突出的作用（Johnson and Johnson，2005；Slavin，2011；Drakeford，2012；Tran，2014；Tran，2019）。例如，美国合作学习的积极倡导者及实践者斯拉夫和约翰逊（Slavin and Johnson）等通过试验研究发现，参与合作学习小组的学生其考试成绩比参与竞争或个体学习学生的考试成绩高出很多（Slavin，2011；Johnson and Johnson，2011）。也有研究指出，相比传统教学班级，合作教学班级的学生在自我认知、胜任力和社会关系等方面表现更好，成绩相对较差的学生受益更多（Hanze and Berger，2007）。在各个层次的教育中，合作情境下的学生在学术、社会和心理上都获得了更大的益处（Johnson and Johnson，2005），采用合作学习小组教学的学生具有更高的学习成绩、更好的自我认知和主人翁精神（Beck and Chizhik，2008；Zain et al.，2009；Tran，2019）。

然而，上述文献对学习小组的形成方式、影响效应及机制缺乏研究。一方面，在实验班中的学习小组构建过程缺乏严格的随机安排，对学习小组影响效应的结论缺乏有力证据，有待进一步考证；另一方面，对于班级内学习小组的影响机制有待进一步观察，对学生学习结果（人力资本积累）的衡量视角有待拓展。本章衡量的人力资本主要包括认知能力和非认知能力，认知能力是指个体智力、逻辑推理、记忆等方面的能力，参考现有文献的通行做法，以学生学习成绩来衡量。[1] 非认知能力则是情感、社交、自尊和态度等方面的能力（Heckman and Rubinstein，2001）。本章非认知能力的衡量采用戈德堡（Goldberg，1990，1992）的大五人格测试。[2]

本章从班级内学习小组的分析视角，探讨随机形成学习小组后，有学习小组的实验班与无学习小组的控制班其学生在认知能力和非认知能力方面的差异，并分析引起这种差异的原因及小组内部的互动作用机制。在数据上，运用了一个学期的学生成绩和两轮学生社会生活跟踪观察的信息；在方法上，先利用抓阄的方式随机确定实验班和控制班，然后在实验班随机形成学习小组，采用随机实地实验和"双重差分模型"的方法估计在班级建立学习小组对小学生认知能力和非认知能力所产生的因果效应。

本章研究发现，班级组建学习小组对学生学习成绩的提高有显著正向影响：对比控制班，实验班的学生平均成绩高出 8.2%～9.3% 个标准差，在 5% 的水平上显著。随着时间的推移，学习小组的影响效应逐渐减弱。本章的结论能够通过一系列稳健性检验。本章还对学习小组的效果进行了异质性分析。结果发现，学习小组对不同性别、不同年级的学生及学习成绩的影响有一定差异。此后，本章对小组学习的作用机理进行了讨论。

在以往研究的基础上，本章试图在以下方面做出贡献：第一，使用含有时间趋势的面板数据动态估计学习小组的影响效应，比较研究学习小组的短期和长期影响。本章采用为期一个学期的跟踪研究较以往大多数文献能更系统地反映学习小组的长期效果。第二，通过随机分组与排座实验，

---

[1]　本书学生学习成绩的指标主要通过标准化的语文、数学和英语测试的平均得分衡量。

[2]　大五人格测试是衡量非认知能力的经典方法，主要是通过自评或他评问卷的心理测评法来量化非认知能力的五大因子：开放度（openness to experience）、责任感（conscientiousness）、外向性（extraversion）、亲和性（agreeableness）以及神经质（neuroticism），被广泛地运用于心理学、教育学与经济学领域。

控制了可能存在的内生性问题，采用双重差分法更干净准确地识别出学习小组所带来的因果效应。第三，结合同伴效应理论模型，探讨了学习小组内部同伴的成绩结构如何影响学生人力资本积累的作用机制，拓展了儿童人力资本分析的视角。

 ## 6.2 数据来源与实验流程

6.2.1 数据来源

本章使用的数据来自本课题组与湖南省 LH 县教育局开展的联合实地调查实验。实验时间为 2015 年秋季学期（2015 年 9 月至 2016 年 1 月），持续时间为 5 个月。我们从全县小学中随机抽取 10 所小学的三至五年级学生作为研究对象①，根据实验方案设计，本实验选取了其中的 5 所小学，并从这 5 所小学的每个年级中随机抽取 2 个班级，随机确定一个为实验班，另一个为控制班。样本共选取了 30 个班级，分为 15 个控制班和 15 个实验班，共 1597 名学生，其中男生 910 人，占比 56.98%，女生 687 人，占比 43.02%。实验分组基本情况见表 6 – 1。

表 6 – 1　　　　　　　　　　实验分组基本情况

学校	学生数	性别		占比		实验班	控制班
		男	女	男	女		
HN06	326 人	200 人	126 人	61.35%	38.65%	三（117）	三（118）
						四（113）	四（115）
						五（111）	五（112）

① 由于本实验要求学生填写问卷，对学生的识字和理解能力有一定要求，考虑到实验的有效性，故没有包含一二年级学生；六年级学生一般面临升学问题，不容易跟踪，故也没有包含这部分学生。

续表

学校	学生数	性别		占比		实验班	控制班
		男	女	男	女		
HN04	339 人	187 人	152 人	55.16%	44.84%	三（2）	三（4）
						四（2）	四（1）
						五（1）	五（2）
HN01	259 人	136 人	123 人	52.51%	47.49%	三（2）	三（1）
						四（2）	四（1）
						五（2）	五（1）
HN02	308 人	169 人	139 人	54.87%	45.13%	三（2）	三（1）
						四（2）	四（1）
						五（2）	五（1）
HN05	365 人	218 人	147 人	59.73%	40.27%	三（2）	三（1）
						四（2）	四（1）
						五（2）	五（1）
总计	1597 人	910 人	687 人	56.98%	43.02%	15 个	15 个

本实验收集了学生的 3 次考试成绩及两轮调查问卷信息。其中，3 次考试成绩数据分别是 2015 年 7 月的期末考试成绩（作为基准成绩）、2015 年秋季学期的期中和期末考试成绩。基准成绩衡量了学生原有的学习能力，是实验的重要控制因素。统计考试成绩时，我们选取语文、数学和英语这三门科目的成绩。[①] 所有同年级各班级的学生，采用同样的标准化试题测试。

本实验的两轮调查问卷问题基本一致，主要问及了学生个体特征、家庭基本信息、学生学习情况以及是否组建学习小组等信息，问卷的调查时间分别是开学前两周和学期末前两周。问卷利用学生课堂时间集中填写，由班主任回收后录入网上问卷系统，信息不完整的问卷需交由学生补充完整后再次录入。整个实验过程都有研究人员的全程指导与监督，以确保数据收集的准确性与有效性。考试成绩表和问卷收集时间如表 6 - 2 所示。

---

① 由于这 5 所学校从三年级才开始有英语课程，因此三年级的基准成绩中不包括英语成绩。

表6-2　　　　　　　　　　　数据收集时间

项目	测试时间
基准成绩（基线测试）	2015 年 7 月
期中成绩（第 1 次测试）	2015 年 10 月
期末成绩（第 2 次测试）	2016 年 1 月
第一轮问卷	2015 年 9 月
第二轮问卷	2016 年 1 月

6.2.2　实验流程

随机排座与组建学习小组是实验中的重要环节。在学期开学之初，我们利用抓阄的方式在 5 所实验小学的每个年级中随机抽取 2 个班级，共选取了 30 个班。然后将 30 个班随机分成两组，一组是组建学习小组的实验班，另一组是未组建学习小组的控制班。为更好分析学习小组对学生学习成绩和非认知能力的净效应，我们把每个小组的规模控制在 6 人左右，对学习小组实行捆绑式整体管理，强化小组成员"一损俱损，一荣俱荣"的集体意识，同时增进各小组之间适当竞争。实验班的具体操作方法是：将学生按照身高分成"矮中高" 3 个身高组，每一身高组内通过抽签的方式随机把学生分成 6 人学习小组，小组成员的座位也是抽签随机分配的①。考虑到学生视力的均衡性发展，每两周轮换一次座位，但需保证组内成员不变。座位确定以后，中途若有极特殊原因需调换座位，需及时报告给研究小组，提交每次换位置后的座位表，并在座位表上标注班级、班主任名字，以及换座时间。为增强学习小组的团队意识与学习效果，我们要求班主任老师对各学习小组进行编号，以组为单位值日并进行课堂表现考核②。

在控制班中，开学时将全班学生按身高分成"矮中高" 3 个身高组后，

---

① 为了避免出现视线遮挡的问题，我们根据学生身高从低到高排序划分出了"矮中高" 3 个身高的组，因此班级内部排座不能完全随机；为尽可能克服身高与学生成绩可能存在的内生性问题，本书实证分析时，控制了排座和学生身高。

② 课堂表现以组为单位进行以下方面考核：(1) 上课积极回答问题；(2) 迟到早退；(3) 上课违反纪律；(4) 迟交缺交作业。班主任将以上考核内容的表格贴黑板外空白墙壁上（靠近正大门的一边），并告知任课老师、纪律委员和课代表做好以上考核的"画正字"工作。

在每个身高组内通过抽签的方式随机分配座位，换座位和调换座位的要求与实验班一致。本实验中，实验班与控制班均没有学生个体调换座位的报告。实验具体流程表述如图 6 - 1 所示：

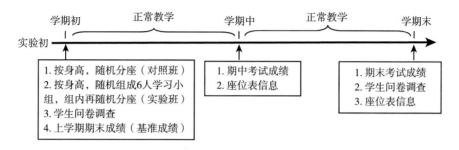

图 6 - 1　实验流程

6.3　估计方法与计量模型

6.3.1　估计方法

本实验采用双重差分方法来评估通过在班级中组建学习小组对学生学习成绩和非认知能力的影响。双重差分法的基本思想是通过对比实验组和控制组在组建学习小组前后的变化来评估该项干预的效果。利用双重差分法首先要保证实验组与控制组的平行趋势假设。本实验是在随机分班和随机排座的前提下进行，满足平行趋势假设①。在研究中，通过在模型中增加不随时间变化的个体特征，控制那些影响学生学习成绩的特征变量；通过在模型中增加时间哑变量，以控制那些随时间变化而产生的学习成绩变化，如时间越长，对知识的积累就越多，学习成绩会发生变化。估计面板

---

① 为证明本实验满足平行趋势的假设，本书比较了实验组与控制组在实验前的主要特征，看是否存在显著差异，本章表 6 - 3 对主要变量均值 T 检验的结果显示，实验组与控制组在实验前主要特征无显著差异。图 6 - 2 描绘了实验组与控制组标准化的基准平均成绩核密度曲线图，结果均无显著差异。

回归模型设定如下：

$$y_{it} = \beta_0 + \gamma\, class_i \times time_t + \beta_1\, class_i + \beta_2\, time_t + \epsilon_{it} \qquad (6-1)$$

其中，y_{it} 表示学生 i 在时间 t 的标准化成绩或非认知能力；β_0 表示不随时间变化的学生 i 的个体特征因素；$class_i$ 代表学生 i 所在的班级，如果是实验班，取值为 1，如果是控制班，取值为 0；$time_t$ 代表时间，若实验实施前取值为 0，实验实施后取值为 1；β_1 代表控制实验班与控制班之间不可观测的固定特征的差异；β_2 代表控制时间变化对实验班与控制班不可观测总体因素的影响；γ 是 $class_i$ 与 $time_t$ 的交互项系数，是核心变量，代表实验班中组建学习小组的效果；ϵ_{it} 代表误差项。

6.3.2　估计方法合理性说明

(1) 实验组与控制组主要特征对比

我们应用双重差分的目的是要学生编入同一学习小组，则使用双重差分法估计学习小组的效应有偏。为尽可能避免解释变量中存在的内生性问题，我们在实验中对班级的选择、学习小组的形成及排座都尽可能保持随机性，主要步骤有三步。

第一步：利用抓阄的方式随机产生15个剔除那些除学习小组之外的因素影响，其有效性依赖于对班级的选择及班级中组建学习小组的过程是否随机。如在对实验班与控制班进行选择时，成绩较好的班级进入了实验班，或者把成绩普通的放入控制班。样本共分为实验班和15个控制班[①]。

第二步：在实验班"矮中高"三个身高组内随机形成6人学习小组[②]，在控制班"矮中高"三个身高组内通过抽签方式随机排座。

第三步：在实验班，已经形成的6人学习小组内，再通过抽签方式随

---

① 每个年级在本实验开始前的分班采用随机的原则将学生分配至相应班级，所有班级均为平行班，无快慢之分。

② 6人学习小组分组方法：用班级总人数除以3，即得到"矮中高"身高组学生数，若有剩余，则多出的学生分到"高"身高组，再用每个身高组学生数除以6，剩余学生数按"矮中高"顺序依次排到下一个身高组内。若最后剩余1人或2人，则将剩余的学生分在最后一组。若最后剩余3人或3人以上，则独立成另外一组。最后两个组的座位可根据班内具体空间编排，但需要确保组内成员坐在一起。

机排座。

　　虽然我们在选择实验班与控制班时，是通过抓阄的方式随机确定的，且在模型估计上采用面板数据模型，但我们所收集的数据是否反映了实验组与控制组的随机性特征还需要进一步验证。因此，为避免最终估计结果产生较大偏误，我们比较了实验组与控制组在实验前的认知能力、非认知能力及主要特征是否存在显著差异，结果如表6-3所示。

表6-3　　　　　　　　　　实验组与控制组主要特征变量对比

变量		实验组			控制组			均值差分
		均值	标准差	样本量	均值	标准差	样本量	
认知能力	基准平均分	0	0.99	1237	0.001	1	1434	-0.001
	基准均值分	55.122	6.24	1237	55.198	5.07	1434	-0.076
非认知能力	总非认知	-0.033	0.036	777	0.033	0.036	788	-0.065
	开放度	0.018	0.037	777	-0.173	0.035	788	0.035
	责任感	0.011	0.037	777	-0.011	0.035	788	0.022
	外向性	-0.012	0.036	777	0.011	0.035	788	-0.023
	亲和度	-0.494	0.037	777	0.049	0.034	788	-0.098 *
	神经质	0.075	0.036	777	-0.074	0.035	788	0.149 ***
个人特征	性别	0.567	0.49	1237	0.573	0.5	1434	-0.006
	年龄	9.505	1.08	1237	9.518	1.01	1434	-0.013
	身高	135.677	8.76	1237	136.24	9.7	1434	0.562
	学校	3.058	1.53	1237	3.092	1.47	1434	-0.034
	年级	4.027	0.82	1237	4.006	0.84	1434	-0.02

　　注：***，* 分别表示在1%和10%的水平上显著。

　　由于在实验开始前学生的人力资本积累水平及主要个人特征变量，能在一定程度上反映实验组与控制组的选择是否符合随机性标准，因此，我们采用面板数据，统计了基准成绩平均分和均值分，非认知能力采用了第一轮的截面数据，并对实验组与控制组的主要变量进行了均值T检验。从表6-3容易看出，实验组与控制组在基准成绩的两项指标中，基准平均分与均值分并无显著差异。在非认知能力的五大维度上，实验组分别在亲和度和神经质上较控制组显著，而在五大维度的总体指标上，两个组并无显著差异。在反映个体主要特征变量方面，如性别、年龄、身高、学校和年级，两个组的均值也基本持平，并无显著差异。

为形象说明实验组与控制组基准成绩的差异，我们描绘了两组标准化的基准平均成绩核密度曲线图（见图6－2）。大体来看，实验组与控制组的基准成绩均符合一致的分布，两条曲线近乎重合，在顶端处均呈"M"形。基本统计及图形分析，都说明了我们在对实验组与控制组的样本选择方面，两组基准成绩及主要变量特征相似，无明显差异，实验过程的外生性得到进一步支持，适用于双重差分法估计。

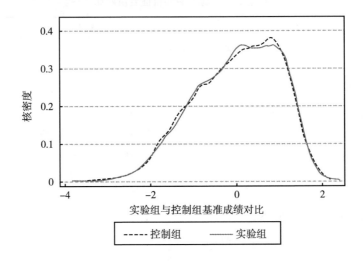

图6－2　实验组与控制组基准成绩对比

（2）座位随机性检验

本章在实验班和控制班均进行了随机排座，不同的是，实验班通过抽签随机把学生分成5～6人小组，因此，为了检验学生特征是否与座位周边同伴特征存在关联，我们采用平衡性检验法，将学生在实验前的个体特征对同伴的平均特征进行回归，如果同伴的分配是随机的，或者同伴的选择问题是可忽略的，那么其系数应当为0或者不显著。但古里安等（Guryan et al.，2009）指出，由于样本是不重复抽样的，在小组内部，如果学生i的基准认知或非认知水平较高，那么除学生i之外其他组员的平均水平可能会降低；反之若学生i的基准认知或非认知水平较低，那么除学生i之外其他组员的平均水平可能会提高，这将使得个人水平与小组其他同伴的平均水平呈现负相关。为了解决这个问题，应该在回归中加入除学生i以外的小组其他成员认知或非认知能力的平均值。

此外，由于实验是以班级为单位进行随机分配座位，应加入班级固定效应。我们估计的模型如下：

$$Y_{ica} = \alpha + \beta \overline{X_{-iga}} + \gamma \overline{X_{-ica}} + \delta_{cg} + \varepsilon_{ica}$$

这里的 Y_{ica} 代表班级 c 学生 i 初始的认知或非认知能力，$\overline{X_{-iga}}$ 代表同桌或除学生 i 以外小组其他成员的平均能力值，$\overline{X_{-ica}}$ 代表除学生 i 以外班级其他学生的平均能力，β、γ 是待估参数，δ_{cg} 代表班级 c 小组 g 的固定效应。

表 6-4 检验了学生 i 的初始特征与同伴基准能力（认知和非认知）之间的相关性。该表显示了学生 i 与座位周边同伴初始能力特征的回归结果，控制了小组固定效应和与学生 i 在同一随机小组中的其他学生的能力（认知和非认知）平均值。每个单元格代表一个单独的回归。初始特征包括性别、身高、年龄、收入、课外学习时间、父母缺席、父母受教育程度、朋友数量等。在表 6-4 的回归中，只有父亲受教育程度与同桌考试成绩之间的关系在 10% 的水平上具有统计学意义。我们的结论证实，学生 i 座位周边的同伴与学生 i 的初始特征没有显著的关系。因此可以检验，此次实验的座位分配是一个随机过程，学生实验前个体和家庭特征与座位周边的同伴成绩和非认知特征并无显著的关联。

表 6-4　　　　　　　座位周边同伴能力与学生初始特征的关系

变量	同伴测量（解释变量）			
学生的初始特征（被解释变量）	同桌同伴		小组同伴（学生本人除外）	
	考试成绩	非认知能力	考试成绩	非认知能力
基准考试成绩	0.062 (0.043)	0.03 (0.044)	0.057 (0.083)	0.073 (0.073)
非认知得分	−0.001 (0.023)	0.026 (0.058)	−0.029 (0.058)	0.071 (0.110)
性别（女 = 1）	0.003 (0.017)	−0.027 (0.022)	0.001 (0.024)	−0.065 (0.047)
年龄	0.001 (0.018)	−0.015 (0.031)	−0.012 (0.045)	−0.019 (0.061)

变量	同伴测量（解释变量）			
学生的初始特征 （被解释变量）	同桌同伴		小组同伴（学生本人除外）	
	考试成绩	非认知能力	考试成绩	非认知能力
身高（厘米）	−0.317 (0.204)	0.187 (0.329)	−1.188 (1.601)	0.506 (0.656)
收入（取对数）	0.003 (0.010)	−0.012 (0.016)	−0.03 (0.018)	0.027 (0.064)
课后学习时间（分钟）	0.465 (0.603)	−0.685 (0.871)	1.112 (0.831)	0.962 (2.086)
父母缺席与否（是=1）	0.014 (0.013)	−0.02 (0.023)	−0.025 (0.021)	0.004 (0.048)
父亲受教育水平	−0.133* (0.069)	−0.055 (0.160)	−0.004 (0.123)	0.361 (0.456)
母亲受教育水平	−0.091 (0.072)	0.119 (0.131)	−0.002 (0.201)	0.06 (0.321)
朋友数量	0.016 (0.037)	0.055 (0.035)	0.015 (0.056)	0.166 (0.103)

注：（1）每个单元格代表一个单独的回归。所有的回归均控制了班级学生的基准能力和班级固定效应。（2）圆括号内为稳健性标准误。（3）＊表示在10%的水平上显著。

6.3.3　计量模型设定

根据前面的讨论，我们用模型（6-1）作为班级中学习小组对学生学习成绩和非认知能力影响的计量方程。为了更好地估计学习小组的效果，我们还控制了文献中确立的影响学习成绩的其他因素。以斯拉文（Slavin，1995）为基础，我们选取了反映个体特征的一些变量，如性别、年龄、身高、学校、年级等，来控制对学生学习成绩和非认知能力的影响；选取课外阅读时间、所属学习小组来控制外部学习对学习成绩和非认知能力的影响；选择学生是否为班干部、是否转学作为虚拟变量，来控制外部环境的变动对学生产生的影响。另外，我们选取学生的基准成绩来反映学生个体起始的学习成绩。将实验时间、实验组与控制组一并考虑，建立如下计量模型来刻画这些因素对学习成绩的影响：

$$y_{it} = \beta_0 + \gamma treatment_i \times round_t + \beta_1 treatment_i + \beta_2 round_t + \beta_3 X + \beta_4 D + \epsilon_{it}$$

$$(6-2)$$

其中，y_{it} 代表学生 i 在时间 t 的标准化成绩；X 代表学生个体特征的变量；D 代表是否为班干部、是否转学等虚拟变量；$treatment_i$ 代表学生 i 是否在实验班的学习小组，如果是，取值为 1，如果否，取值为 0；$round_t$ 代表时间，若实验实施前取值为 0，实施后取值为 1；β_1 代表控制实验组与控制组之间不可观测固定特征的差异；β_2 代表控制时间变化对实验组与控制组不可观测总体因素的影响；γ 是交互项系数，代表实验班中组建学习小组的效果；ϵ_{it} 代表误差项。

6.4 实证结果分析

6.4.1　主要变量描述分析

表 6-5 是估计模型中被解释变量与主要控制变量的统计描述。认知能力主要以标准化的成绩来衡量。其中，学生成绩以语文、数学和英语三门学科的平均成绩衡量[①]，并已转化为均值等于 0，标准差等于 1 的标准成绩。非认知能力采用国际公认的大五人格测试即开放度、责任感、外向性、亲和度、神经质这五大因子来衡量。

表 6-5 　　　　　　　　　　　　　**主要变量描述**

变量		均值	标准差	最小值	最大值	样本量
认知能力	平均基准成绩	0	1	-3.83	2.27	1586
	平均期中成绩	0	1	-3.57	2.33	1597
	平均期末成绩	0	1	-3.81	2.39	1596

---

① 本书用到三个平均成绩，分别是平均期末成绩、平均期中成绩和平均基准成绩，三年级的平均基准成绩以语文和数学两门学科的平均成绩衡量。

续表

变量		均值	标准差	最小值	最大值	样本量
非认知能力	开放度	0	1	-4.95	5.26	3051
	责任感	0	1	-3.61	4.63	3051
	外向性	0	1	-4.03	5.27	3051
	亲和度	0	1	-2.66	4.29	3051
	神经质	0	1	-4.9	3.36	3051
其他主要控制变量	实验组×实验时间	0.250	0.430	0	1	3182
	实验组（虚拟变量）	0.500	0.500	0	1	3182
	实验时间	0.500	0.500	0	1	3184
	学习小组	5.160	2.930	1	12	2832
	课外阅读时间	11.73	17.55	0	300	3040
	班干部（虚拟变量）	0.410	0.490	0	1	3184
	转学（虚拟变量）	0.0400	0.190	0	1	3048

6.4.2 学习小组对学生学习成绩的影响

表6-6报告了对模型（6-2）进行混合OLS的估计结果。我们采用双重差分法分别估计了学习小组与基准成绩、期中成绩及期末成绩的关系，这三个成绩依次衡量了实验开始前、实验中和实验末学生的成绩水平。其中，列（1）中的被解释变量"基准成绩"是在组建学习小组之前，学习小组对学生基准成绩的影响。估计结果表明，学习小组对学生初始的成绩水平影响并不显著，这说明在组建学习小组之前，实验班与控制班的基准成绩无差异，再次证明了我们对样本选择过程的随机性，支持了上述采用双重差分估计的合理性。列（2）中的被解释变量"期中成绩"是实验的中期，即在实验班组建学习小组2个月后，对学生学习成绩的测试结果。容易看出，在实验班采用学习小组的教学模式效果明显，能显著提高学生期中考试成绩9.3%个标准差。那么，学习小组对学生成绩的影响是否会随着时间的推移而减弱呢？表6-6中列（3）的估计结果回答了这个问题。被解释变量"期末成绩"是实验进行到5个月后（一个学期）对学生学习成绩测试的结果。

表6-6　　　　　　　　　　　学习小组效果的双重差分估计

	基准成绩	期中成绩			期末成绩		
	（1）	（2）	（3）	（4）	（5）	（6）	（7）
实验组 × 实验时间	0.01 (0.17) [0.062]	0.011*** (3.31) [0.003]	0.078** (2.25) [0.035]	0.088** (2.21) [0.039]	0.007 (1.05) [0.006]	0.080** (2.29) [0.035]	0.079* (2.17) [0.036]
实验组		-0.004 (-0.03) [0.126]	-0.052 (-0.90) [0.058]	-0.056 (-1.03) [0.054]	0.009 -0.07 [0.123]	-0.043 (-0.71) [0.060]	-0.044 (-0.78) [0.057]
实验时间		-0.005 (-1.73) [0.003]	-0.029 (-1.34) [0.022]	-0.041* (-1.95) [0.021]	0.001 (0.100) [0.007]	-0.027 (-1.08) [0.025]	-0.037 (-1.48) [0.025]
基准成绩		0.041*** (31.98) [0.001]	0.042*** (30.17) [0.001]	0.041*** (33.21) [0.001]	0.039*** (26.49) [0.001]	0.040*** (24.23) [0.002]	0.039*** (24.83) [0.002]
个体特征	yes	yes	yes	yes	yes	yes	yes
班级特征	yes	no	yes	yes	no	no	yes
家庭特征	yes	no	no	yes	no	no	yes
常数	-1.324* (-2.11) [0.063]	-1.743*** (-5.87) [0.297]	-2.183*** (-15.58) [0.140]	-2.281*** (-11.67) [0.195]	-1.742*** (-5.49) [0.318]	-2.170*** (-11.78) [0.018]	-2.301*** (-9.75) [0.236]
观测值	1435	2990	2677	2669	2990	2677	2669
调整 R^2	0.188	0.62	0.656	0.658	0.601	0.626	0.629

注：（1）每一列均代表一个单独的回归。（2）个体特征包括学生的性别、年龄、身高、班干部与否、转学与否；班级特征包括学校、年级、班级、所属学习小组；家庭特征包括父母职业、课外阅读时间、家务劳动时间。（3）圆括号内为 t 统计量。（4）方括号内为稳健性标准误。（5）***、**、*分别表示在1%、5%和10%的水平上显著。

从表6-6显示的结果发现，学习小组对学生学习成绩的影响还是正向的，对学生考试成绩提高8.2%个标准差，在10%的水平上显著。我们的结论说明：采用学习小组教学，对学生学习成绩的提高有正向影响；但这种影响会随着时间的推移而减弱。可能时间越长，学习小组的教学方式带来的新鲜感降低，对学生学习成绩的边际影响也逐渐降低。研究结果也给了我们这样的启示，在小学教学中宜采用多样化的教学方式，变换教学手法，重组教学结构，这些教学改革和创新在提高学生成绩方面能起到一定的辅助作用。

上述分析已说明了小组学习的方式对学生学习成绩的正向影响，即能在一定程度上整体提高学生成绩。那么，实验班与控制班的学生成绩是如何分布的呢？为直观地说明实验班与控制班的成绩差异，我们描绘了两组学生标准化的基准期中与期末成绩核密度曲线图（见图6-3）。

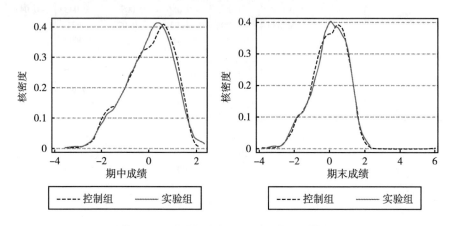

图6-3 实验组与控制组期中与期末成绩对比

图6-3中，左（右）侧是实验组与控制组的期中（末）成绩对比曲线图，实线代表实验组，虚线代表控制组。从两组图的峰值上看，实验组的期中与期末成绩均要比控制组高，且分布更趋于集中，说明有学习小组的实验班学生成绩要好于控制班。从时间趋势上看，期中成绩的峰值在期末成绩出来后左移了，即学习小组的影响减弱了，这也与实证分析相符。

6.4.3 学习小组对学习成绩影响的异质性分析

以上分析说明，在班级中采用学习小组的教学方式，对学生学习成绩的提高有正向影响。我们进一步的问题是：学习小组对不同性别的学生效果如何？哪些学生受到的影响更大？在不同年级组建学习小组效果有何不同？班干部与非班干部学生，哪个群体更能从学习小组中获益？转学与否是否有不同影响？表6-7的回归结果进行了回答。

表 6 - 7

学习小组异质性结果

类别	男生 (1)	女生 (2)	A (3)	B (4)	C (5)	D (6)	三年级 (7)	四年级 (8)	五年级 (9)	班干部 (10)	非班干部 (11)	转学 (12)	非转学 (13)
期中成绩	0.095 **	0.084	0.068	0.068	0.049 *	0.104 **	0.151 *	0.074 **	-0.002	0.112 *	0.035	0.108	0.092 *
	(2.648)	(1.734)	(0.502)	(1.065)	(2.153)	(2.397)	(2.16)	(4.379)	(-0.059)	(1.929)	(0.816)	(0.921)	(2.2)
	[0.036]	[0.048]	[0.136]	[0.064]	[0.023]	[0.043]	[0.070]	[0.017]	[0.032]	[0.058]	[0.043]	[0.117]	[0.042]
期末成绩	0.091 **	0.06	0.135	0.073 *	0.053	0.082 **	0.155 *	0.011	0.027	0.031	0.072 **	0.393 **	0.073 *
	(2.363)	(1.316)	(1.209)	(2.108)	(1.065)	(2.561)	(2.132)	(0.258)	(0.725)	(0.543)	(2.322)	(2.847)	(1.871)
	[0.039]	[0.046]	[0.112]	[0.035]	[0.050]	[0.032]	[0.073]	[0.042]	[0.037]	[0.056]	[0.031]	[0.138]	[0.039]
N	1528	1141	81	321	544	1723	896	821	952	1023	1646	92	2577

注:（1）每一列均代表一个单独的回归。（2）所有回归均控制了个体特征、班级特征、班级特征和家庭特征。（3）个体特征包括学生的性别、年龄、身高、班干部与否、转学与否；班级特征包括学校、年级、班级、所属学习小组；家庭特征包括父母职业、课外阅读时间、家务劳动时间。（4）圆括号内为 t 统计量。（5）**、* 分别表示在 5% 和 10% 的水平上显著。

（1）学习小组对性别的影响

关于学习小组对不同性别学生的影响，类似的研究结论争议较大，有的研究认为合作型学习小组对女生更有利，因为女孩比男孩更合作（Knight，1989；Strein，1986）；也有研究者认为，在面对困境或复杂任务时，女孩并不比男孩更善于通过彼此间的合作来解决，有时男孩显得比女孩更擅长合作（Gifford，1982；Lavy and Schlosser，2011；Gong，2019）。

本章通过对实验班男生和女生近 5 个月的两次考试成绩分析，我们发现，学习小组对男生的成绩有正向显著的影响，但对女生的学习成绩影响不显著。其中，组建学习小组对男生平均考试成绩显著提高为 10% 个标准差，对女生平均考试成绩提高为 6%～8.4% 个标准差。学习小组对男生学习成绩提高幅度更大。

（2）学习小组对不同学习能力学生影响

学生的学习成绩在一定程度上反映了其学习能力，不同学习能力的学生受学习小组的影响如何呢？本章中基准成绩能反映学生的初始学习能力水平，按照文献的一般做法，我们根据平均考试成绩的分布，把学生的学习成绩大致分为"A、B、C、D"四个等级，分别代表"大于等于 85 分""75～85 分""65～75 分""小于 65 分"。然后，我们分别以平均期中成绩和平均期末成绩为因变量，考察学习小组对这四个成绩等级的学生的影响差异。表 6-7 中列（3）、列（4）、列（5）、列（6）分别报告了四个成绩等级的回归结果。从系数上可看出，学习小组对不同成绩等级的学生均有正向影响，但这种影响均会随着时间的推移而减弱，如四个成绩等级上，平均期中成绩的系数值均比平均期末成绩的系数值要大。值得关注的是，学习小组对 D 等级即学习成绩"小于 65 分"的学生影响更大，平均期中成绩能提高 0.108 个标准差，在 10% 的水平上显著，但到了期末时，这种影响又随之减弱，可能是 4 个月的时间，学习小组的内生性加强，净效应降低。

（3）学习小组对不同年级学生的影响

对小学生而言，不同年级的学生之间差异很大，如低年级的学生，认知和发展水平弱于高年级学生，小组教学、游戏教学等多样化的教学方式更能激发其学习热情。那么，学习小组是否对低年级的学生更有效呢？

表 6 – 7 中列（7）、列（8）、列（9）分别报告了三至五年级学生的回归结果。从系数可看出，相比四年级和五年级，三年级的影响更大。学习小组对学生期中与期末考试成绩分别提高 0.151 和 0.155 个标准差，且均在 5% 的水平上显著，这符合我们的预期。而随着年级的升高，学习小组的作用减弱，甚至还有负向影响，这可能由于高年级学生的学习内容更为复杂，学习小组要求的合作型学习对个体独立思考学习有一定抑制作用，如在教学中没处理好两者的关系，有可能流于形式的教学方式反而不利于学生成绩的提高。

（4）学习小组对班干部与否的影响

班干部是班级中比较活跃的群体，一般也是班级中学习成绩和综合能力靠前的学生，他们协助老师管理班级，如传达老师的通知信息、收发各种学习资料、维护好课堂纪律等，他们比普通学生有更多的机会与老师同学进行互动，合作意识也更强，那么，学习小组这种教学形式对班干部与非班干部学习成绩的影响有何差异呢？本章班干部的比率约占总样本的41%①，在控制了个体特征变量后，我们把担任班干部与非班干部的学生都进行了计量分析，两者的回归结果如表 6 – 7 的列（10）、列（11）所示。从系数上看，学习小组对班干部和非班干部的考试成绩均有正向影响，尤其对班干部影响显著，随机形成的学习小组对班干部的期中成绩提高 0.121 个标准差，在 10% 的水平上显著，但对班干部的期末成绩影响不显著，这说明随着时间的延长（2 个月后），学习小组的影响逐渐减弱。

（5）学习小组对转学与否的影响

本章研究期限为一个学期（5 个月），在实验期内存在中途转学的情况，例如从实验学校转出到其他学校，或从其他学校转到实验学校，使得实验本身可能存在一定的内生性问题，这也是值得研究者高度重视的。但对本章来说，此问题并不需要担心，因为在一个学期内，中途转学（包括转入转出）的学生数量毕竟只是极少数，占总样本的 3.67%，从统计数据来说，这部分学生所受学习小组的影响可以忽略。为验证学习小组是否对流动学生产生了影响，我们分别把转学与非转学学生进行了回归，两者的

---

① 本书班干部指的是每个班级的正副班长、各类课程代表以及各类文体委员和组长。

回归结果见表6-7的列（12）和列（13）。结果显示，学习小组对转学学生的影响并不显著，可能是因为中途转进来的学生，由于存在环境适应的过程，其小组集体荣誉感的建立还需一段时间，短期内的效果体现不明显。与之形成对比的是，学习小组对非转学学生平均期中成绩在5%的水平上影响显著，对期末成绩影响均不显著，这与我们总体估计的结果相符，也从实证上再次说明学习小组对非转学学生的影响。

6.4.4 学习小组对非认知能力的影响

上面的分析中，我们知道实验组在学习表现方面要优于控制组，进而学习成绩也更好，那么，学习小组是通过何种机制对学生的学习表现产生影响呢？由于本章中实验班实行学习小组捆绑式整体管理，每个学习小组是一个"利益共同体"，学习模式更偏向"组内合作，组间竞争"的方式。小组内每个学生的学习表现都直接与小组整体表现挂钩，因而组内学生之间的交流与互动会更多，学生之间更多的学习互动又能在一定程度上促进学生认知的发展（Johnson and Johnson，1974；Bargh and Schul，1980；Carrell，2013）。根据赫克曼和卡乌兹（Heckman and Kautz，2014）的研究结论：认知能力与非认知能力呈现正相关性。那么，组建学习小组的班级是否非认知能力优于没有学习小组的班级呢？

为了探究学习小组对学生非认知能力的影响，本章结合两轮学生问卷中的实际信息，采用戈德堡（Goldberg，1990，1992）的大五人格测试对非认知能力进行衡量。具体计算中，我们将大五因子进行了均值为0，方差为1的标准化处理。为了解两轮问卷中，学生非认知能力五大因子的变化，我们把实验班与控制班在两轮问卷中所体现的非认知能力进行了对比和均值检验，结果如表6-8所示。

表6-8 实验班与控制班大五因子得分检验

变量	第一轮			第二轮		
	实验班	控制班	差分	实验班	控制班	差分
开放度	0.018	-0.017	0.035	0.036	-0.034	0.071

续表

变量	第一轮			第二轮		
	实验班	控制班	差分	实验班	控制班	差分
责任感	0.011	-0.011	0.022	0.113	-0.108	0.220***
外向性	-0.012	0.011	-0.023	0.066	-0.063	0.129**
亲和度	-0.049	0.049	-0.098*	-0.073	0.069	-0.142***
神经质	0.075	-0.074	0.149***	0.112	-0.107	0.220***

注：***、**、*分别表示在1%、5%和10%的水平上显著。

从表6－8的结果可看出，实验班学生的非认知能力在第二轮问卷中得到显著的提升，特别表现在责任感与外向性上。从我们实验时间上来看，第一轮问卷是学习小组建立之初调查的，第二轮问卷是为期5个月后的调查信息，组建了学习小组的实验班，学生的非认知能力总体高于控制班。为具体分析学习小组对五大因子的影响，我们控制个体、家庭、学校等可能影响学生非认知能力的特征变量，构建如下回归方程：

$$y^{j}_{inc} = \beta_0 + \gamma treatment_i \times round_t + \beta_1 treatment_i + \beta_2 round_t + \beta_3 X + \epsilon_{it}$$

$$(6-3)$$

其中，y^{j}_{inc}代表学生 i 的非认知能力；j 代表大五因子种类。X 代表学生个体、家庭、学校等特征变量；β_0 代表班级的固定效应；ϵ_{it} 代表误差项。

表6－9的回归结果显示，学习小组对学生非认知能力的提高有显著影响。可以显著提升学生0.148个标准差的责任感，0.139个标准差的外向性，0.174个标准差的神经质，同时显著降低了0.156个标准差的亲和度。由于学生对所在小组的责任感提高，能促使学生对待学习更用心，更自觉地完成各项学习任务。此外，学习小组所要求的"一荣俱荣，一损俱损"的捆绑式管理方式，能有效激起各学习小组之间的竞争，促进组内合作。学生会因对小组集体荣誉感的提升而对落后者进行督促，以集体任务为导向会在一定程度上降低亲和性。再者，因学习小组之间的竞争性，为"一致对外"，组内的主动学习和交流会更频繁，小组成员的集体荣誉感、责任感更容易调动，从而使组员更认真地学习，故学生学习成绩更好。

表 6 – 9   学习小组对学生非认知能力的影响

变量	开放度 (1)	责任感 (2)	外向性 (3)	亲和度 (4)	神经质 (5)
实验班 × 实验时间	0.075 (0.999) [0.075]	0.149 ** (2.206) [0.067]	0.126 * (1.731) [0.073]	− 0.151 ** (− 2.372) [0.063]	0.220 *** (3.358) [0.065]
实验班	0.001 (0.020) [0.059]	0.077 (1.427) [0.054]	− 0.014 (− 0.236) [0.058]	− 0.005 (− 0.086) [0.053]	0.045 (0.843) [0.054]
实验时间	− 0.027 (− 0.544) [0.049]	− 0.077 * (− 1.76) [0.044]	− 0.055 (− 1.222) [0.045]	0.052 (1.404) [0.037]	− 0.047 (− 1.121) [0.042]
个体特征	yes	yes	yes	yes	yes
班级特征	yes	yes	yes	yes	yes
家庭特征	yes	yes	yes	yes	yes
常数	− 0.060 (− 0.243) [0.247]	− 0.653 *** (− 2.587) [0.252]	− 1.081 *** (− 4.446) [0.243]	0.385 (1.610) [0.239]	0.334 (1.396) [0.239]
N	2669	2669	2669	2669	2669
Adjusted R^2	0.078	0.099	0.073	0.149	0.088

注：(1) 每一列均代表一个单独的回归。(2) 个体特征代表性别、年龄、身高、体重、基准成绩、班干部与否；班级特征代表学校、年级、班级、转学与否；家庭特征代表父母职业、父母收入、课外阅读时间、家务活时间、父母是否关心学习。(3) 圆括号内为 T 值。(4) 方括号内为稳健性标准误。(5) *** 、 ** 、 * 分别表示在 1% 、5% 和 10% 的水平上显著。

6.4.5 学习小组对学生非认知能力的异质性分析

表 6 – 10 是学习小组对学生非认知影响的异质性分析总表，主要从性别、学生成绩、年级、是否为班干部这四个方面来分析。

表6-10　学习小组对学生非认知能力影响的异质性分析

变量	性别		学业表现				年级			班干部与否	
	男生(1)	女生(2)	A(3)	B(4)	C(5)	D(6)	三年级(7)	四年级(8)	五年级(9)	班干部(10)	非班干部(11)
开放度	0.11 (1.097) [0.100]	0.037 (0.319) [0.115]	-0.611 (-1.13) [0.540]	0.23 (-0.911) [0.253]	-0.065 (-0.374) [0.175]	0.128 (-1.419) [0.090]	0.092 (0.67) [0.137]	0.093 (0.635) [0.146]	0.101 (0.839) [0.120]	-0.120 (-0.984) [0.122]	0.185* (1.846) [0.100]
责任感	0.155* (1.783) [0.087]	0.134 (1.26) [0.106]	-0.728 (-1.047) [0.696]	-0.081 (-0.398) [0.205]	0.126 (0.789) [0.160]	0.207*** (2.579) [0.080]	0.291** (2.431) [0.120]	0.334** (2.409) [0.138]	0.015 (0.149) [0.103]	0.058 (0.508) [0.114]	0.193** (2.129) [0.091]
外向性	0.182* (1.845) [0.098]	0.046 (0.425) [0.109]	0.034 (0.05) [0.686]	0.257 (1.145) [0.224]	-0.035 (-0.198) [0.178]	0.146* (1.695) [0.086]	0.139 (1.108) [0.126]	0.096 (0.653) [0.147]	0.154 (1.261) [0.122]	0.090 (0.806) [0.112]	0.138 (1.395) [0.099]
亲和度	-0.107 (-1.326) [0.081]	-0.186* (-1.812) [0.103]	-0.235 (-0.459) [0.512]	-0.161 (-0.825) [0.195]	-0.255* (-1.700) [0.150]	-0.106 (-1.406) [0.075]	-0.104 (-0.985) [0.106]	0.057 (0.463) [0.124]	-0.304*** (-2.858) [0.106]	-0.233** (-2.222) [0.105]	-0.104 (-1.211) [0.085]
神经质	0.164* (1.872) [0.088]	0.271*** (2.751) [0.099]	0.254 (0.48) [0.530]	0.370* (1.674) [0.221]	0.313** (1.968) [0.159]	0.170** (2.208) [0.077]	0.295*** (2.727) [0.108]	0.128 (0.919) [0.139]	0.279*** (2.656) [0.105]	0.289*** (2.857) [0.101]	0.198** (2.241) [0.088]
N	1528	1141	81	321	544	1723	896	821	952	1023	1646

注:(1)所有回归都控制了个体特征、班级特征和家庭特征的变量;(2)个体特征代表性别、年龄、身高、体重、基准成绩、班干部与否;班级特征代表学校、班级、转学与否;家庭特征代表父母职业、父母收入、课外阅读人、家务活动时间、父母是否关心学习;(3)圆括号内为T值;(4)方括号内为稳健性标准误;(5)***、**、*分别表示在1%、5%和10%的水平上显著。

从表 6-10 中结果发现：从性别上看，学习小组对男生和女生非认知的影响呈不同特点。学习小组有助于提高男生的责任感和外向性，而降低了女生的亲和度，提高了女生的神经质。从成绩上看，学习小组对低分段学生的非认知能力提高显著，而其他分数段影响不显著。

从年级上看，学习小组提高了低年级学生对小组的责任感，同时提高了高年级学生的神经质，降低了学生的一致性。从是否为班干部来看，学习小组降低了班干部学生的一致性，提高了非班干部学生的外向性和责任感。使非班干部的学生变得更外向、更有责任感。

6.4.6 学习小组组内同伴结构效应分析

上面分析了学习小组组内同伴互动的过程。那么，学习小组组内同伴的结构是如何影响团队学生的认知能力呢？在随机分成的六人学习小组中，组内优等生或差等生同伴的数量如何影响其他成员的学习成绩呢？优生与差生的数量差异表现为同伴的成绩结构特征，教育中关于同伴的成绩结构对其他学生产生影响的研究比较多（Hoxby，2000；Lazear，2001；Hoxby and Weingarth，2005；Sacerdote，2011）。在同伴效应产生作用途径的几种模型中，比较典型的有表 6-11 中的几种。

表 6-11　　　　　　　　　同伴效应作用途径模型

模型	同质影响	内容概要
烂苹果模型（bad apple model）	是	一个破坏性的学生会损害其他学生的成绩
杰出人物模型（shining light model）	是	一个优秀的学生会带动其他所有学生进步
歧视性比较模型（invidious comparison model）	否	优秀的同伴不利于其他学生成绩的提高，较差的同伴反而会促使其他人的表现变得更好
精品模型（the boutique model）	是	当一个学生周围都是和他类似的同伴时，他的表现会更好。同伴的同质性对学生是有益的

续表

模型	同质影响	内容概要
彩虹模型（the rainbow model）	否	同伴的异质性对学生是有益的，多样化的存在使得每一个学生思考问题的角度更宽泛
简单交叉模型（the single crossing model）	是	学生的能力越强，受到能力较强的同伴影响越大，而能力越弱的学生，从能力较强的同伴获益越少

在同伴效应作用途径的理论基础上，本章为进一步探究学习小组内部，同伴的成绩结构如何影响其他学生的成绩，我们把学生成绩按中位数进行二分类，高于标准中位成绩的标识为优等生，低于标准中位成绩的标识为差等生。然后在随机分成的学习小组中，识别出每个小组中优等生和差等生学生的数量，分别考察优等生数量对差等生学习成绩、优等生数量对优等生学习成绩、差等生数量对差等生学习成绩和差等生数量对优等生学习成绩这四种模式的影响，我们建立如下计量模型对小组内同伴成绩结构对其他学生成绩的影响结果进行估计：

$$y_{js} = \alpha_0 + \beta_1 number_i + \beta_2 X + \beta_3 D + \epsilon_{it} \tag{6-4}$$

其中，y_{js} 代表学生 j 的标准化成绩；X 代表学生个体、家庭、学校等特征变量；D 代表是否为班干部、是否转学等虚拟变量；$number_i$ 代表各小组中优等生或差等生 i 的数量，ϵ_{it} 代表误差项。具体回归估计结果如表 6-12 所示。

表 6-12　　学习小组内同伴成绩结构对其他成员成绩的影响

项目	(1)	(2)	(3)	(4)
	优生数量—差生	优生数量—优生	差生数量—差生	差生数量—优生
平均期中成绩	0.031 (1.17)	-0.006 (-0.81)	-0.028*** (-3.29)	0.001 (-0.18)
常数项	-1.728*** (-12.13)	-1.187*** (-6.51)	-1.980*** (-11.97)	-1.227*** (-7.26)
个体特征	有	有	有	有
班级特征	有	有	有	有

续表

项目	(1)	(2)	(3)	(4)
	优生数量—差生	优生数量—优生	差生数量—差生	差生数量—优生
家庭特征	有	有	有	有
r^2_a	0.434	0.322	0.442	0.321
观测值	621	615	621	615
项目	(5)	(6)	(7)	(8)
	优生数量—差生	优生数量—优生	差生数量—差生	差生数量—优生
平均期末成绩	0.011 (−0.91)	0.025 *** (−2.9)	− 0.027 *** (−2.69)	− 0.028 *** (−3.06)
常数项	− 2.099 *** (−10.59)	− 2.243 *** (−10.71)	− 1.922 *** (−9.81)	− 2.057 *** (−10.27)
个体特征	有	有	有	有
班级特征	有	有	有	有
家庭特征	有	有	有	有
r^2_a	0.393	0.398	0.398	0.401
观测值	621	613	621	613

注：（1）所有回归均均控制了个体特征、班级特征和家庭特征。（2）个体特征代表性别、年龄、身高、体重、基准成绩、班干部与否；班级特征代表学校、年级、班级、转学与否；家庭特征代表父母职业、父母收入、课外阅读时间、家务活时间、父母是否关心学习。（3）圆括号内为 T 值。（4）方括号内为稳健性标准误。（5） *** 表示在 1% 的水平上显著。

在表 6 - 12 中列（1）~列（4）分别表示组建学习小组的班级，学习小组内优生数量对差生成绩、优生数量对其他优生成绩、差生数量对其他差生成绩、差生数量对优生成绩这四种不同成绩结构对其他学生成绩的影响。其中，列（1）和列（2）估计了优生数量对其他学生的成绩影响。结果显示，优生数量对差生学习成绩有正向影响但不显著。优生数量对其他优生期中考试成绩影响为负但不显著，而对其他优生期末考试成绩影响在1% 水平上显著为正，能提高其考试成绩 0.025 个标准差。这说明优生数量越多，对其他学生（优生或差生）学习成绩都有一定程度的正影响，此估计结果与杰出人物模型相吻合。列（3）和列（4）估计了差生数量对其他学生学习成绩的影响。4 个估计系数中，有 3 个系数均是负值，且均在 1%

的水平上显著为负，这说明差等生越多，小组其他学生的成绩越低。差等生对其他学生的影响估计结果符合同伴效应作用途径中的烂苹果模型。

综上分析，学习小组内同伴成绩结构对其他学生成绩的影响是一种动态均衡结果，其产生过程和作用机理比较复杂。本章的研究在探究其作用机理方面做出边际贡献。

6.4.7　学习小组内部构成分析

学习小组内部同伴的组成如何影响小组的认知与非认知结果呢？由于学习小组内成员之间互动频繁，学生会受到小组成员的影响。而不同的小组构成可能带来的影响不同。许多同伴效应的模型预测了将学习成绩相近或不同的学生分组后的结果。为进一步分析在学习小组内部，学生的初始认知能力和非认知能力的异质性如何影响小组的学习结果，以便更好地分配好座位，本章把初始认知能力的异质性定义为学习小组成员的学习成绩与小组其他成员的平均成绩之间的差值的绝对值。非认知能力的异质性定义为学生在某一人格特质上的得分与小组其他成员的平均得分之间的差值的绝对值。本章分析了以下几种情况。

（1）初始认知差异对认知与非认知的影响

在学习小组内，学生初始认知差异对学生的认知能力和非认知能力有什么影响呢？从表6-13结果可看出，学生初始认知度越高，学生的期末成绩越好，且成绩提高幅度越大。初始认知差异越大，学生的非认知能力提高越大，尤其是对学生的开放度、责任感和亲和度这三个非认知能力指标的提高程度较大。

（2）初始非认知差异对认知与非认知的影响

那么，在学习小组内部，学生初始非认知差异对学生认知能力与非认知能力有什么影响呢？表6-14报告了小组学生初始非认知差异对学生认知能力和非认知能力的影响。发现初始非认知差异对期末考试成绩和大五人格测试后五大因子的影响均不显著。非认知能力的正向维度，如开放度、责任感和外向性均有提高，但不显著，亲和度下降，同时也提高了负向的神经质。

表6-13

初始认知差异对学生认知和非认知的影响

变量	认知				非认知				
	期末成绩 (1)	期中成绩 (2)	期末—基准 (3)	期中—基准 (4)	开放度 (5)	责任感 (6)	外向性 (7)	亲和度 (8)	神经质 (9)
初始认知差异	0.074* (1.789) [0.041]	0.045 (1.119) [0.040]	0.115*** (2.792) [0.041]	0.087*** (2.787) [0.031]	0.225*** (2.598) [0.087]	0.184** (2.188) [0.084]	-0.033 (-0.359) [0.092]	0.204** (2.578) [0.079]	0.002 (0.023) [0.081]
个体特征	yes	yes	yes	yes	yes	yes	yes	yes	yes
班级特征	yes	yes	yes	yes	yes	yes	yes	yes	yes
家庭特征	yes	yes	yes	yes	yes	yes	yes	yes	yes
常数	-2.895*** (-7.35) [0.394]	-2.956*** (-8.491) [0.348]	0.784** (2.204) [0.356]	0.708** (2.47) [0.287]	1.216 (1.204) [1.010]	0.98 (0.96) [1.021]	-1.804* (-1.812) [0.996]	0.933 (1.027) [0.908]	1.249 (1.389) [0.899]
N	502	503	502	503	455	455	455	455	455
Adjusted R^2	0.618	0.69	0.118	0.079	0.138	0.128	0.116	0.275	0.266

注：（1）每一列均为一个单独的回归。（2）个体特征代表性别、年龄、体重、身高、课外阅读时间、家务活时间、父母是否关心学习。（3）圆括号内为T值。（4）方括号内为稳健性标准误。（5）家庭特征代表父母职业、父母收入、班级特征代表学校、年级、班级、转学与否；班级特征代表班干部与否。（5）***、**、*分别表示在1%、5%和10%的水平上显著。

表6–14　初始非认知差异对认知与非认知的影响

差值	认知 期末考试分数					非认知				
	(1)	(2)	(3)	(4)	(5)	开放度 (6)	责任感 (7)	外向性 (8)	亲和度 (9)	神经质 (10)
初始开放度	-0.004 (-0.125) [0.034]					0.009 (0.12) [0.076]				
初始责任感		0.015 (0.374) [0.040]					0.021 (0.224) [0.095]			
初始外向性			-0.016 (-0.434) [0.037]					0.095 (1.19) [0.080]		
初始亲和度				0.047 (0.919) [0.051]					-0.032 (-0.408) [0.080]	
初始神经质					-0.055 (-1.175) [0.047]					0.119 (1.411) [0.084]
个体特征	yes	yes	yes	yes	yes	yes	yes	yes	yes	yes
班级特征	yes	yes	yes	yes	yes	yes	yes	yes	yes	yes
家庭特征	yes	yes	yes	yes	yes	yes	yes	yes	yes	yes
常数	-2.802*** (-7.002) [0.400]	-2.825*** (-7.13) [0.396]	-2.783*** (-7.117) [0.391]	-2.836*** (-7.318) [0.388]	-2.771*** (-7.015) [0.395]	0.309 (0.308) [1.001]	0.187 (0.189) [0.991]	-1.903** (-2.033) [0.936]	0.259 (0.297) [0.872]	1.026 (1.148) [0.894]
N	504	504	504	504	504	457	457	457	457	457
Adjusted R²	0.614	0.614	0.614	0.615	0.615	0.124	0.12	0.118	0.262	0.27

注：(1) 个体特征代表性别、年龄、身高、体重、基准成绩、班干部与否；班级特征代表学校、年级、班级、转学与否；家庭特征代表父母职业、父母收入、课外阅读时间、家务活时间、父母是否关心学习。(2) 圆括号内为T值。(3) 方括号内为稳健性标准误。(4) ***、** 分别表示在1%和5%的水平上显著。

6.5 稳健性检验与影响机制分析

6.5.1 稳健性检验：实验组变换

为证实结果的有效性，验证实证分析中采用学习小组的教学方式确实对学生学习成绩的提高有帮助，而非其他偶然因素所造成的，例如，班级本身的差异，选入实验班的班级成绩本来就比控制班的要好等外在因素，我们借鉴阿巴迪等（Abadie et al.，2010）的安慰剂检验（placebo test）思想，假定控制班进行了与实验班相同的学习小组教学方式，观察控制班的学生考试成绩是否受到影响。具体做法是把原来的实验班与控制班对换，原来的控制班作为虚假实验班，采用相同的方法分析，如果发现没有采用学习小组教学的班级结果不显著，则可说明采用了学习小组教学的班级，其学生考试成绩的提高确实是因组建了学习小组的效果，通过稳健性检验。

为与前面的分析保持一致，我们分别把虚假实验班的基准成绩、期中成绩和期末成绩作为被解释变量，考察学习小组的效果。表6-15是把没有学习小组的控制班作为虚假实验班，假定其采用了学习小组之后的双重差分估计结果。列（1）~列（3）的估计结果显示，我们主要关注的变量"学习小组效果"估计系数均为负值，除期中成绩在统计上显著外，基准成绩与期末成绩均不显著，而真正实施了学习小组教学的班级，学习小组效果的估计系数均为正值（见表6-15）。这说明实验组变换后，学习小组对学习成绩的影响与机制不同，这是因为变换后的实验组实际上并没有采用学习小组教学，故不存在学习小组的影响机制。我们的实证结果验证了实验样本选择的随机性。

表 6 – 15 　　　　　　　　　实验组变换后的双重差分估计

变量	因变量		
	基准成绩	期中成绩	期末成绩
	（1）	（2）	（3）
学习小组效果	− 0.058 （− 0.80）	− 0.092 ** （− 1.99）	− 0.079 （− 1.60）
实验组（虚拟变量）	0.065 （− 0.55）	0.147 ** （− 1.97）	0.128 （− 1.59）
实验时间	− 0.005 （− 0.09）	0.049 （− 1.45）	0.042 （− 1.14）
基准成绩		0.041 *** （− 61.79）	0.039 *** （− 54.21）
常数	− 0.192 （− 1.23）	− 2.608 *** （− 24.24）	− 2.486 *** （− 21.41）
个体特征	有	有	有
班级特征	有	有	有
家庭特征	有	有	有
样本量	2673	2673	2671
R^2	0.167	0.657	0.601

注：（1）每一列均代表一个单独的回归。（2）个体特征包括学生的性别、年龄、身高、班干部与否、转学与否；班级特征包括学校、年级、班级、所属学习小组；家庭特征包括父母职业、课外阅读时间、家务劳动时间。（3）圆括号内为 t 统计量。（4）*** 、** 分别表示在 1% 和 5% 的水平上显著。

6.5.2　影响机制分析

（1）学生学习表现对比

通过随机实验并运用双重差分法的分析结果，我们得出了这样的基本结论：与目前的异质分组不同[①]，班级内随机形成的学习小组对学生成绩提高也有正向影响，采用学习小组教学能在一定程度上提高学生的学习成

———————————

① 　异质分组是指班主任综合根据学生的学习成绩、身高、性别、是否担任班干部、个性特点等，把学生编入不同的小组。

绩。通俗地讲，即有学习小组比没有学习小组要好。与以往研究不同的
是，我们在实验班与控制班的选择、学习小组形成、座位编排等方面，严
格采用随机的方式，最大限度排除了人为安排所产生的内生性问题。那
么，为什么班级内随机形成的学习小组能对学生成绩的提高有帮助？有学
习小组的实验班与无学习小组的控制班，学生的学习表现有何不同？为探
究其中的原理机制，我们对实验的两轮问卷信息进行了深度梳理，并对影
响学生学习成绩的系列因素进行对比分析，试图解释学习小组对学生成绩
的影响效应。我们把问卷中的统计数据进行了均值 T 检验，结果显示，在
课堂纪律、上课注意力、学生课后时间分配等方面，实验班学生与控制班
学生表现均更好。具体结果如表 6 - 16 所示。

表 6 - 16　　　　　　　　实验班与控制班学生课堂纪律差分[*]

变量	第一轮			第二轮		
	实验班	控制班	差分	实验班	控制班	差分
上课讲小话	3.225	3.867	-0.642 **	3.392	6.857	-3.465 ***
做小动作	3.094	3.909	-0.815 ***	3.165	6.304	-3.139 ***
看小说漫画	0.741	0.17	0.571 ***	0.997	1.556	-0.558 *
上课睡觉	0.25	0.088	0.162 ***	1.125	1.472	-0.347
上学迟到	0.106	0.062	0.043 **	1.108	1.497	-0.388
上课注意力	1.547	1.489	0.059	1.693	1.503	0.190 ***

注：（1）问卷中上课讲小话、做小动作、看小说漫画、上课睡觉、上学迟到的测量单位是平
均次数/周；上课注意力集中度分为三个等级，基本不可以 = 0；不一定 = 1；基本可以 = 2，值越
高，则注意力越集中。（2）*** 、** 、* 分别表示在 1%、5% 和 10% 的水平上显著。（3）两轮
问卷的填写时间不同，第一轮问卷填写是开学后的前两周；第二轮问卷填写是同一学期的期末前
两周，本实验学习小组的组建也正是在开学前两周，也就是说第一轮问卷所反映的学生学习表现
是学习小组正在形成或刚形成几天，统计上的数据不足以作为检验学习小组效果的证据，第二轮
问卷则更能客观说明实验班学生的课堂表现。

学生课堂纪律的好坏会影响学生学习效率，不良的课堂纪律会对学
生成绩产生不利影响，如上课讲小话、做小动作等会减弱注意力，进而
影响学习成绩。我们把实验班与控制班两轮问卷中的课堂纪律表现进行
比较，表 6 - 16 的差分结果表明，实验班上课讲小话与做小动作的情况
明显好于控制班，在 1% 的水平上显著。值得注意的是，学生在课堂上
看小说漫画、上课睡觉、上学迟到这三项学习坏习惯指标，在第一轮问

卷中，实验班的表现差强人意，且至少在5%的水平上显著为正，而在第二轮问卷中，实验班的学生学习坏习惯明显减少，整体学习课堂表现优于控制班。这是因为两轮问卷填写时间不同，第一轮问卷填写在开学前两周内，而第二轮问卷填写则是在期末前两周内。本实验学习小组的组建也正是在开学前两周，也就是说第一轮问卷所反映的学生学习表现是学习小组刚形成几天，统计上的数据不足以作为检验学习小组效果的证据，第二轮问卷则更能客观说明实验班学生的课堂表现。从第二轮问卷的统计结果可看出，实验班学生比控制班学生课堂表现均更好，上课注意力更集中，差分结果在1%的水平上显著为正，这也在一定程度上说明学习小组对学生注意力的提升有帮助。

此外，为进一步说明实验班与控制班之间在纪律与上课注意力之间的区别，本章对实验班与控制班进行了DID回归分析表，结果如表6－17所示。从表6－17中可以看出，实验班的课堂纪律更好，上课讲小话、做小动作、看小说漫画、上学迟到这些行为都显著为负，上课注意力显著为正，而课堂上更优的表现对学生成绩的提高有正效应，这也解释了为什么有学习小组的实验班表现会更好。

表6－17　　　　实验班与控制班课堂纪律和上课注意力 DID 估计

变量	上课讲小话 （1）	做小动作 （2）	看小说漫画 （3）	上课睡觉 （4）	上学迟到 （5）	上课注意力 （6）
实验班 × 实验时间	− 1.961 *** （− 6.694） [0.293]	− 1.563 *** （− 5.451） [0.287]	− 0.801 *** （− 2.640） [0.303]	0 （− 0.035） [0.013]	− 0.006 （− 0.371） [0.016]	0.234 *** − 5.005 [0.047]
实验班	0.218 （0.954） [0.228]	− 0.172 （− 0.735） [0.234]	0.274 ** （2.104） [0.130]	0.016 * （1.821） [0.009]	0.028 ** （2.544） [0.011]	− 0.021 （− 0.547） [0.039]
实验时间	1.189 *** （5.958） [0.200]	0.748 *** （3.863） [0.194]	1.106 *** （5.217） [0.212]	0.018 ** （2.324） [0.008]	0.024 *** （2.644） [0.009]	− 0.023 （− 0.677） [0.035]
个体特征	yes	yes	yes	yes	yes	yes
班级特征	yes	yes	yes	yes	yes	yes
家庭特征	yes	yes	yes	yes	yes	yes

变量	上课讲小话 （1）	做小动作 （2）	看小说漫画 （3）	上课睡觉 （4）	上学迟到 （5）	上课注意力 （6）
	4.175 *** （3.915） ［1.066］	4.689 *** （4.244） ［1.105］	1.254 （1.007） ［1.245］	−0.034 （−0.741） ［0.046］	0.017 （0.352） ［0.049］	0.377 ** （2.026） ［0.186］
N	2580	2580	2669	2469	2489	2049
Adjusted R²	0.153	0.169	0.054	0.017	0.022	0.2

注：（1）每一列均代表一个单独的回归。（2）个体特征包括学生的性别、年龄、身高、班干部与否、转学与否；班级特征包括学校、年级、班级、所属学习小组；家庭特征包括父母职业、课外阅读时间、家务劳动时间。（3）圆括号内为 t 统计量。（4）*** 、 ** 、 * 分别表示在 1%、5% 和 10% 的水平上显著。

（2）学生课后时间分配对比

一般认为，学生课后时间的分配，也是影响学生成绩的重要因素。我们把学生课后时间的分配细分为课内学习、课外阅读、上网或玩游戏、看电视、干家务、干农活这六方面，分别比较两组学生课后时间的分配，结果如表 6-18 所示。

表 6-18　　　　　实验班与控制班学生课后时间分配差分

变量	第一轮			第二轮		
	实验班	控制班	差分	实验班	控制班	差分
课内学习	68.975	71.834	−2.858	84.710	78.587	6.122
课外阅读	25.951	21.684	4.267 ***	36.988	36.207	0.781
上网或玩游戏	14.359	16.629	−2.270	31.977	36.150	−4.714
看电视	81.005	133.900	−52.895 ***	131.590	98.301	33.289 ***
干家务	26.945	25.494	1.451	56.495	29.464	27.031 ***
干农活	16.686	13.912	2.774 *	31.226	16.211	15.015 ***

注：（1）课内学习、课外阅读、上网或玩游戏、看电视、干家务、干农活的测量单位是总分钟/周。（2）*** 、 * 分别表示在 1% 和 10 的水平上显著。

从第二轮数据也可看出，课内学习和课外阅读，实验班学生每天所花时间更长，上网或玩游戏时间更少，但差异不显著。干家务和干农活可培养学生勤劳的品质，增强动手能力，这对学生学习成绩均有正影响。结果显示，实验班学生比控制班学生干家务和干农活时间更长，且在 1% 的水平上显著为正。

进一步，我们用 DID 的方法计算了实验班与控制班学生在课后时间分配方面的情况，结果如表 6 - 19 所示。从中可以看出，实验班的学生在课内学习、看电视、干家务和干农活方面结果显著为正。说明这些活动对于学生的学习成绩均有正向影响。

表 6 - 19　　　　　　　　实验班与控制班课后时间分配 DID 估计

变量	课内学习 （1）	课外阅读 （2）	上网玩游戏 （3）	看电视 （4）	干家务 （5）	干农活 （6）
实验班× 实验时间	19.759 ** （1.993） [9.915]	6.896 （1.209） [5.703]	4.669 （0.986） [4.737]	69.824 *** （6.949） [10.048]	16.875 ** （2.328） [7.248]	16.905 *** （2.872） [5.886]
实验班	-7.689 ** （-2.38） [3.230]	1.599 （1.177） [1.359]	-6.754 ** （-2.43） [2.780]	-38.503 *** （-4.483） [8.589]	0.121 （0.070） [1.724]	-0.358 （-0.204） [1.755]
实验时间	-2.717 （-0.686） [3.963]	-0.698 （-0.468） [1.491]	16.225 *** （5.042） [3.218]	-38.093 *** （-5.241） [7.268]	-4.552 *** （-3.239） [1.405]	1.919 （0.961） [1.997]
常数	-25.811 （-0.541） [47.708]	30.804 （0.706） [43.624]	-14.196 （-1.200） [11.833]	292.349 *** （4.673） [62.568]	48.730 （1.124） [43.356]	56.539 （1.214） [46.564]
N	2669	2669	2668	2667	2669	2669
r^2_a	0.078	0.237	0.118	0.034	0.656	0.041

注：（1）每一列均代表一个单独的回归。（2）个体特征包括学生的性别、年龄、身高、班干部与否、转学与否；班级特征包括学校、年级、班级、所属学习小组；家庭特征包括父母职业、课外阅读时间、家务劳动时间。（3）圆括号内为 t 统计量。（4）***、** 分别表示在 1% 和 5% 的水平上显著。

6.6 本章小结

本章评估了学习小组对儿童人力资本积累的影响。与以往异质分组的方式不同，本实验采用随机分班、分组及排座的方法，构造学习小组的

"自然实验"属性，剥离出学习小组对学生学习成绩的净效应，较好解决了以往研究中难以处理的内生性问题。此外，本书对同一样本进行了为期5个月的追踪调查，对比了实验组与控制组学生成绩和非认知能力的差异，并对学习小组在不同性别、年级、成绩、班干部等方面的影响进行了异质性分析。研究发现：采用学习小组的教学方式对学生学习成绩和非认知能力均有正效应，能提高学生平均成绩 0.079 ~ 0.088 个标准差，尤其对男生、学习成绩较差的学生和低年级学生的学习结果提高更大。在非认知能力方面，参加学习小组使学生的责任感和外向性分别增加 0.148 个标准差和 0.139 个标准差，而学生的亲和度降低了 0.156 个标准差，神经质增加了 0.174 个标准差。学生的开放度没有显著变化。由于学习小组的活动促进了小组内部的合作与小组之间的竞争，所以非认知能力的变化可能反映了学生对竞争与合作态度的积极变化。

机制检验发现，有学习小组的实验班在课堂上和课外活动时间分配方面，均比控制班表现更好，且上课注意力更集中。学生学习成绩的积极影响主要是通过非认知能力的提升发挥作用的，学习小组的设立能显著提升学生的集体责任感和外向性。学生对学习小组的责任感能有效激发学生学习的主动性和积极性，有助于提高学生对团队学习的认知，进而改变自己不良的学习习惯，使其行为与团队成员趋于一致。与此同时，随着时间的推移，学习小组所带来的正向影响会逐渐减弱。在学习小组内部，优生数量对其他学生的学习成绩有正效应，而差生数量对其他学生学习成绩有显著负效应，其作用途径分别符合同伴效应中的杰出人物模型（shining light model）和烂苹果模型（bad apple model）。

在学习小组内部成员构成方面，本章发现：如果学生的学习成绩与学习小组其他成员的平均水平之间的初始差异较大，那么学生的学习成绩就会有较大的提高。加入一个学习成绩差异较大的小组还可以帮助学生在开放度、神经质和亲和度方面获得更高的分数。而在初始非认知能力差异方面，没有发现非认知能力的差异对小组其他成员的学习成绩和非认知能力有显著影响。研究结果表明，把学习成绩不同的学生组成学习小组，是提高学生人力资本的经济有效的方案。

因此，在我国农村学校班级教学中适当采用学习小组来教学，有利于学生整体成绩的提高。同时，学生在学习小组中进行合作学习，也有利于提高学生的非认知能力。在组建学习小组时需注意均匀分配不同学习成绩的学生，使优等生的正外部性最大，差等生的负外部性最小，以达到学习成绩和非认知能力的整体提升。在研究中，本章还发现：小组学习的教学方式尤其有助于低分学生成绩的提升。当前，中国农村基础教育中辍学率偏高，低分学生往往因为对学习不自信甚至充满畏惧而选择辍学。小组学习的方式在一定程度上有助于学生提高成绩，逐步建立自信，降低农村学校的辍学率。值得注意的是，小组学习的效果会因时间的推移而减弱。因此，在小学课堂教学中探索小组教学模式的基础上宜采用多样化的教学方式，积极改革创新教学方式方法，对学生学习成绩和非认知能力的整体提高是有帮助的。

值得一提的是，本章的研究还有待进一步扩展。首先，本章研究了学习小组对学生成绩和非认知能力的影响，对小组内部的构成进行了微观探讨，但各学习小组之间，处于各小组边界的学生由于座位上的便利性，可能与其他小组的学生有互动而产生同伴效应，但由于数据的限制，本章没有计算这方面的效应。其次，学习小组的效果可能会随着时间的变化而发生变化，因为随着时间的推移，学习小组成员之间由于交互更多，会增加社会亲近感。然而，学习小组成员之间的新鲜感可能也会随着时间的推移而消退，所以未来的研究中需要更长期的数据来检验学习小组的效果。最后，由于学习小组是随机组成的，小组成员的构成变化在学习成绩和非认知能力方面的样本比较有限，因此对于最优学习小组的构成，需要差异化的小组实验设计来揭示。

综上所述，本章发现学习小组有助于提高儿童的人力资本，但需要进一步努力才能找到利用它们的最佳方式。

第  章

研究结论与展望

7.1 主要研究结论

　　本书结合社会网络理论和同伴效应理论，从新型人力资本发展理论的视角，在中国湖南和湖北部分农村小学进行随机排座和随机分组的实验研究。实验最短的持续了半年时间，最长的持续了一年的时间。在实验期间，这项研究跟踪了学生课堂表现、课外生活、学业表现及非认知能力等，同时也用问卷调查了学生学习生活及家庭状况。探讨了班级不同网络结构中的同伴效应以及对学生认知能力和非认知能力的影响。对于班级网络结构的界定，本书分别分析了网络中心结构、网络非对称结构和合作学习小组网络这三种网络构成形式中，班级学生之间的同伴效应及其对学生认知能力和非认知能力的影响，并对其中的影响机制进行深入的剖析。最后，本书根据实证分析结果，针对性地提出了提高农村儿童人力资本水平的有效方案。从具体研究内容来看，本书的主要结论可以分成以下几个部分：

　　第一，本书第 4 章结合社会网络中心性理论，对学生进行随机排座实验后，并要求学生报告在班级中与自己关系最好的前三名男生与前三名女生的姓名，用 UCINET 软件识别出班级前 10% 的中心性学生。然后根据随

机座位安排，计算其他学生与高中心性学生的平均物理距离，从中心性 6 个方面的指标，分析处于班级网络中心地位的学生与其他学生之间的物理距离，对其他学生的学习成绩和非认知能力的影响。随机排座实验和实证分析发现三个结论：一是在班级社会网络中，学生 i（班级任意一名学生）与班内高中心性学生的平均物理距离越近，其学习成绩受其正向影响越大；班级内学生与高中心性（centrality）学生的平均物理距离每减少 1 个座位，其平均考试成绩可提高 0.43～0.78 个标准差。二是班级高中心性学生一般是在班内学习成绩好、学习认真，且女生占比更高的群体，这些学生以其自身所具有的个体特征影响着同龄人。其可能的影响机制是：学生 i 通过观察并模仿坐在班级前面的高中心性学生的学习行为，改进自己的学习行为来提高学习成绩。三是异质性分析发现，高中心性学生对班内其他学生的影响在 6 个不同的中心性指标方面有所不同。在性别方面，男生受中心性学生的影响范围较女生大，而女生受中心性学生的影响程度较男生大；在不同分数段学生方面，成绩处于中上等的学生受班级中心性学生的影响较其他分数段的学生影响大；在年级方面，四年级的学生受班级高中心性学生的影响较低年级和高年级的影响大；在是否担任班干部方面，非班干部的学生受班级高中心性学生的影响较大。本部分研究结论表明，探索不同的座位编排方式，注重班级社会网络中高中心性学生与其他学生不同座位距离的辐射作用，减小高中心性学生与其他学生的座位距离，尽量把他们安排在教室的前几排，不失为一条减少成本、提高学生成绩的方案。对某个体学生而言，离学习成绩好的女生的座位越近，受其影响越大，自身考试成绩也会提高得越多。

第二，本书第 5 章采用空间自回归模型，从学生座位周边同伴的微观视角，定量估计了班级学生随机排座后，因座位空间距离的变化，学生周边分别是成绩较好的群体与周边是成绩较差的群体的同伴效应大小。本部分的研究发现学生的学习成绩会受到邻座周边同伴的影响，但周围是学习成绩高群体与学习成绩低群体的同伴效应非对称。首先，学生处于学习成绩高同伴群体中，能力较强的同伴的成绩每提高 1 个标准差，本人成绩会提高 0.076～0.103 个标准差；而处于学习成绩低的同伴群体中，能力较弱的同伴的成绩每降低 1 个标准差，本人成绩会降低 0.130～0.172 个标准差。在控制了其他因素不变的前提下，学生受到周边学习成绩较差的同伴的影响大于周边学习成绩较好的同伴的影响。其次，在异质性分析方面，学生的性别、同桌成绩也受到同伴的非对称影响。周边是学习成绩较好的同伴的正向效应，使男生成绩提高 0.102 ~ 0.139 个标准差，使女生成绩提高为 0.065 ~ 0.207 个标准差；而周边是学习成绩较差的同伴的负向效应，使男生成绩降低 0.121 ~ 0.156 个标准差，使女生成绩降低 0.119 ~ 0.194 个标准差。无论是男生还是女生，周边是学习成绩低的同伴的负向影响均大于正向影响，相比男生，女生受到周边学习成绩高同伴的正向影响程度更大。考察同桌的同伴效应后，我们发现同桌成绩高于本人时，对其没有正向的溢出效应；而当同桌成绩低于本人时对其有负溢出效应。再次，学生 i 的学习成绩会受到座位周边同伴成绩的显著影响，这种影响是因为学生 i 与邻座周边的学生存在空间依赖性，对于班级学生而言，座位的邻近意味着空间距离的缩小，而空间距离减小会给学生之间的互动提供便利，在一定程度上增加了学生与周边学生交流的机会与频率。座位周边是学习成绩较差的同伴的负向溢出效应大于学习成绩较好的同伴的正向溢出效应，因此，考察对学生进行最优的座位分配，最大限度提高班级整体学习成绩是本书重要探讨的方向。最后，通过对学生进行空间模拟排座后，发现相比随机排座与好生差生相间排座的传统模式，把学习成绩较差的学生安排在班级中心位置的环形排座，能使班级学生的总体平均成绩更高。综合而言，学生会受到周边同伴的非对称影响。成绩较差的同伴比成绩较好的同伴对学生的负向溢出效应更大，即："近墨者"的"黑"的程度大于"近朱者"的"赤"的程度。

第三，本书第 6 章评估了学习小组对儿童人力资本积累的影响。通过对学生进行随机分班、分组及排座的方法，构造学习小组的"自然实验"属性，剥离出学习小组对学生学习成绩的净效应，并采用 DID 方法进行估计，较好解决了以往研究中难以处理的内生性问题。这项研究对同一样本进行了为期 5 个月的追踪调查，对比了实验组与控制组学生成绩和非认知能力的差异，并对学习小组在不同性别、年级、成绩、班干部等方面的影响进行了异质性分析。研究发现，首先，学习小组的教学方式对学生学习成绩和非认知能力均有正效应，能提高学生平均成绩 0.082 ~ 0.093 个标准差。学习小组能显著提升学生的集体责任感和外向性。其次，学习小组对学生成绩的提升，主要是通过提高责任感来激发学生学习的主动性和积极性，以提高学生对团队学习的认知，进而改变自己不良的学习习惯，使其行为与团队成员趋于一致。再次，随着时间的推移，学习小组所带来的正向影响会逐渐减弱。在学习小组内部，优生数量对其他学生的学习成绩有正效应，而差生数量对其他学生学习成绩有显著负效应，其作用途径分别符合同伴效应中的杰出人物模型（shining light model）和烂苹果模型（bad apple model）。最后，学习小组的教学方式尤其有助于低分学生成绩的提升，在班级组建学习小组能提高整体学习成绩。

综上所述，本书分别研究了网络中心结构、网络非对称结构和合作学习小组网络这三种网络构成形式中，班级学生之间的同伴效应及其对学生认知能力和非认知能力的影响。研究表明，班级高中心性学生对其他学生有正向影响，离高中心性学生座位越近，受其正向影响越大；从成绩上看，学生会受到座位周边学生成绩的非对称影响，空间总效应可概括为"近朱者赤，近墨者更黑"。而在班级组建学习小组的教学方式对学生的认知能力和非认知能力的提高均有显著正向影响，尤其有助于低分学生成绩的提升。因此，探索在班级进行不同的座位分配方案，积极改革创新教学组织形式，充分发挥同伴的正向效应，不失为农村学校提高儿童人力资本的低成本可行方案。

7.2 政策含义

本书的主要研究结论表明，在基础教育阶段，农村儿童受到班级同伴的影响明显，在固定座位的情况下，学生的成绩会受到座位周边同学不同特征的影响并呈不对称性。若与高中心性学生和成绩好的学生座位距离越近，学生的学习成绩也会有一定的提高；反之，与高中心性学生座位距离越远，座位周边更多是成绩差的学生，学生的学习成绩会下降。总体来看，负向影响大于正向影响，因此，学校、教育机构和班主任在进行班级分配和学生座位编排时，应充分考虑学生的特征，引导学生之间正向同伴效应的传递。基于上述的研究结论，本书的政策建议主要有如下三点。

第一，发挥中心学生的榜样带动作用，照顾处于人际网络边缘的学生。本书第4章的研究结论表明，班级网络中高中心性学生对其他学生有正向的榜样作用，学生离高中心性学生的座位距离越近，学习成绩也会有一定程度的提高。因此，教育工作者尤其是班主任，要探索不同的座位编排方式，注重班级社会网络中高中心性学生与其他学生不同座位距离的辐射作用，减小高中心性学生与其他学生的座位距离，尽量把他们安排在教室的前几排和班级的中间位置，以发挥中心学生的榜样带动作用。同时，要注意班级网络中处于边缘的学生，他们的联结度与其他学生更少，可以考虑多设立班干部，让每一位学生都能在班级中得到充分的锻炼，增强边缘学生与其他学生的联结频率，进而提高学生的中心性。

第二，优化班级学生座位分配，适当把学习成绩较低的学生安排在班级中心位置。本书第5章的研究结论发现，学生的学习成绩会受到邻座周边同伴的影响，但周围是学习成绩较高的群体与学习成绩较低的群体的同伴效应非对称。把学习成绩较低的学生安排在班级中心位置的环形排座，能使班级学生的总体平均成绩更高。综合而言，学生会受到周边同伴的非对称影响。学习成绩较低的同伴比学习成绩较高的同伴对学生的负向溢出效应更大，即："近墨者"的"黑"在程度上大于"近朱者"的"赤"。因此，建议农村学校通过优化学生班级座位分配，有效发挥学习成绩较高的学生的正向溢出效应，同时，需多关注学习成绩较差的学生，适当把他们安排在教室中心位置，使其感受到集体的关注，提高内在学习动力，提升班级学生整体学习成绩，从而进一步提高农村儿童人力资本的投入产出效率。

第三，创新教育教学方式，采用学习小组的形式进行教学。本书第6章研究对比了有学习小组的实验组与无学习小组的控制组，发现在班级采用学习小组的教学方式对学生的学习成绩和非认知能力均有显著的提升，尤其有助于低分学生成绩的提升。因此，在我国农村学校班级教学中适当采用学习小组来教学，有利于学生整体成绩和非认知能力的提高。在组建学习小组时需注意均匀分配不同学习成绩的学生，使优等生的正外部性最大，差等生的负外部性最小，以达到学习成绩和非认知能力的整体提升。在小学课堂教学中探索小组教学模式的基础上宜采用多样化的教学方式，积极改革创新教学方式方法，对学生学习成绩和非认知能力的整体提高是有帮助的。

7.3 研究展望

本书利用两套实验研究的微观数据，分析了班级网络间的同伴效应，以及同伴对儿童认知能力和非认知能力的影响，并对其中的影响机制进行了深入的剖析。本书在研究视角和研究方法上对现有社会网络中的同伴效应理论与人力资本理论的相关研究均有一定的贡献，但受到实验数据等方面的限制，本书的研究也存在一些局限性，具体表现在：本书对网络边缘学生是否对中心学生产生负向影响的研究有待进一步提出证据。第一，对于网络中心性学生的认定，随着时间的变化，中心学生也发生了变化，那么，在班级网络中，学生对中心性学生的评选标准是什么？一般来说，学习成绩好的学生更容易成为中心学生，但处于网络中心地位是否有助于提高学生本人的学习成绩与非认知能力还不得而知，需要更多网络中微观互动的数据。第二，由于现实实验条件及方法所限，本书实验得到的结论是随机排座后，学习成绩方面的非对称同伴效应，而没有涉及非认知方面的比较。在排座方面，为了与原始方案对比，本书分别模拟了按成绩排名进行高低分相间排座、高低分降序环形排座和高低分升序环形排座三种方案。虽然模拟的结果中，高低分升序环形排座，学生的整体平均成绩最优，但还需进行现实实验的检验。在既定的班级社会网络中，学生特征既定的条件下，如何对学生进行座位的分配与重组，使同伴之间充分发挥正向的溢出效应，进行使整体学习成绩达到最优，这既是同伴效应研究中的一个难点，也是学校管理者及班主任的现实困惑。第三，本书发现随机组建学习小组对学生学习成绩和非认知提高是有帮助的，但由于实验所限，本书只是比较了有学习小组的实验班和没有学习小组的控制班的结果。学习小组不同的构成形式可能会有不同的效果，如随机学习小组与好中差搭配的学习小组，抑或是按学生自己意志组成的学习小组，在这三种小组形式中，哪种学习小组对学生认知和非认知的影响最大，这将是一个有趣的课题，也是本书未来拓展的方向之一。综合以上本书的几点局限性，本书提出如下未来的研究方向。

第一，在现有社会网络理论与同伴效应的实证研究基础上，可以进行更多的研究来解释网络中心地位与学生认知能力和非认知能力之间的联系与潜在的过程机制，对网络中的关系进行更细致的研究，例如，建立班级学生社会网络的关系数据库，及时把握学生之间的关系并能有效引导。现有文献更多研究的是网络中心学生的特征对其他学生的影响，而处于网络边缘的学生更应当值得关注，他们对群体的影响问题也是未来有意义的研究方向。此外，随着时间的变化，中心学生的地位也会变化，探究网络中心学生的动态变化与影响机制也是一个有趣的问题。

第二，探索在学生特征分布一定的情况下，将班级学生进行不同座位分配的实证研究，研究在不同座位分配下学生产生的同伴效应对认知能力和非认知能力的影响，特别是研究非认知能力的变化是否也是非对称的，为未来教育工作者及班主任在进行分班排座方面提供更多实证证据支撑。

第三，拓展现有的实证研究，可以比较随机学习小组、按成绩进行好中差搭配的学习小组及按学生意愿按友谊关系组成的学习小组，研究不同小组构成对学生人力资本的影响有什么不同。进一步，考察在更长的时间维度上，不同的学习小组组成是否会随时间变化产生不同的效果，小组内部同伴效应发挥作用的机制与渠道是什么，从动态的视角探究班级网络结构对学生人力资本的影响。

参 考 文 献

[1] 陈向明. 小组合作学习的条件 [J]. 清华大学教育研究, 2003, 24 (4): 11-16.

[2] 都阳, 王美艳. 认知能力、教育与劳动力的市场绩效——论农村义务教育体制改革的意义 [J]. 中国农村观察, 2002 (1): 47-56, 81.

[3] 杜育红, 袁玉芝. 教育中的同伴效应研究述评: 概念、模型与方法 [J]. 教育经济评论, 2016, 1 (3): 77-91.

[4] 段成荣, 吕利丹, 王宗萍. 城市化背景下农村留守儿童的家庭教育与学校教育 [J]. 北京大学教育评论, 2014, 12 (3): 13-29, 188-189.

[5] 范先佐, 郭清扬. 农村留守儿童教育问题的回顾与反思 [J]. 中国农业大学学报 (社会科学版), 2015, 32 (1): 55-64.

[6] 冯帅章, 陈媛媛. 学校类型与流动儿童的教育——来自上海的经验证据 [J]. 经济学 (季刊), 2012, 11 (3): 1455-1476.

[7] 黄斌, 高蒙蒙, 查晨婷. 中国农村地区教育收益与收入差异 [J]. 中国农村经济, 2014 (11): 28-38.

[8] 焦璨, 吴换杰, 黄玥娜, 等. 网络自相关模型在心理学研究中的应用——以同群效应、学习动机对青少年学业表现的影响为例 [J]. 心理学报, 2014, 46 (12): 1933-1945.

[9] 李春玲. 教育不平等的年代变化趋势 (1940—2010)——对城乡教育机会不平等的再考察 [J]. 社会学研究, 2014, 29 (2): 65-89, 243.

[10] 李代, 张春泥. 外出还是留守——农村夫妻外出安排的经验研究 [J]. 社会学研究, 2016, 31 (5): 139-163, 244.

[11] 李刚, 曹洪刚, 陈凯, 等. 基于社会网络分析的评价模型研究

[J]. 运筹与管理，2013，22（6）：147 – 152.

[12] 李普亮，贾卫丽. 农村家庭子女教育投资的实证分析——以广东省为例 [J]. 中国农村观察，2010，93（3）：73 – 85.

[13] 李晓曼，曾湘泉. 新人力资本理论——基于能力的人力资本理论研究动态 [J]. 经济学动态，2012，621（11）：120 – 126.

[14] 林聚任. 社会网络分析：理论、方法与应用 [M]. 北京：北京师范大学出版社，2009.

[15] 刘成斌. 农村青少年辍学打工及其原因 [J]. 人口研究，2014，38（2）：102 – 112.

[16] 刘红艳，常芳，岳爱，等. 父母外出务工对农村留守儿童心理健康的影响：基于面板数据的研究 [J]. 北京大学教育评论，2017，15（2）：161 – 174，192.

[17] 刘慧凤，杨晓彤. 座位选择与学习成绩相关研究——基于大学多课堂的自然实验研究证据 [J]. 高教探索，2017，169（5）：43 – 48.

[18] 刘军. 社会网络分析导论 [M]. 北京：社会科学文献出版社，2004.

[19] 刘军. 整体网分析：UCINET 软件实用指南 [M]. 上海：格致出版社，上海人民出版社，2014.

[20] 刘燕飞，王坦. 论合作学习实践中的情感缺失 [J]. 中国教育学刊，2016，274（2）：70 – 73，95.

[21] 罗楚亮，孟昕. 高等教育机会不均与高中入学决策的城乡差异 [J]. 教育经济评论，2016（11）：90 – 111.

[22] 闵文斌，常芳，王欢. 非经济因素对农村初中生辍学的影响 [J]. 教育与经济，2016（5）：73 – 77.

[23] 欧贤才，刘刚. 试析我国农村初中"自愿性辍学"现象 [J]. 中国农业教育，2007（1）：14 – 16.

[24] 史耀疆，张林秀，常芳，等. 教育精准扶贫中随机干预实验的中国实践与经验 [J]. 华东师范大学学报（教育科学版），2020，38（8）：1 – 67.

[25] 王春超，肖艾平. 班级内社会网络与学习成绩——一个随机排

座的实验研究［J］．经济学（季刊），2019，18（3）：1123 - 1152．

［26］王春超，钟锦鹏．同群效应与非认知能力——基于儿童的随机实地实验研究［J］．经济研究，2018，53（12）：177 - 192．

［27］王进，陈晓思．学校环境与学生成绩的性别差异 一个基于广州市七所初中的实证研究［J］．社会，2013，33（5）：159 - 180．

［28］王树涛，毛亚庆．我国义务教育阶段公平有质量学校教育的区域均衡研究［J］．现代教育管理，2018（2）：51 - 55．

［29］王坦．论合作学习的基本理念［J］．教育研究，2002（2）：68 - 72．

［30］王坦．合作学习的理论基础简析［J］．课程·教材·教法，2005（1）：30 - 35．

［31］吴贾，韩潇，林嘉达．父母工作时间的代际影响：基于城市和流动人口子女认知和非认知能力的分析［J］．劳动经济研究，2019，7（3）：56 - 83．

［32］徐清秀．"读书有用论"下的辍学迷思——基于自我认同视角［J］．北京社会科学，2020（9）：43 - 54．

［33］薛海平，胡咏梅，段鹏阳．我国高中生科学素质影响因素分析［J］．教育科学，2011，27（5）：68 - 78．

［34］杨钋，朱琼．初中生同伴关系的影响因素分析［J］．北京大学教育评论，2013，11（3）：99 - 117，192．

［35］袁舟航，闵师，项诚．农村小学同伴效应对学习成绩的影响：近朱者赤乎?[J]．教育与经济，2018，141（1）：65 - 73．

［36］张川川．"中等教育陷阱"? ——出口扩张、就业增长与个体教育决策［J］．经济研究，2015，50（12）：115 - 127，157．

［37］张海清，张林秀，罗仁福，等．中国农村小学教育资源对教育成果的影响研究［J］．教育与经济，2009，98（4）：1 - 6．

［38］郑筱婷，孙志颖，陆小慧．为何"读书无用论"重返农村? ——不同出身个体教育回报率变化的解释［J］．劳动经济研究，2019，7（5）：53 - 77．

［39］宗庆庆，李雪松．基础教育中的同伴效应估计［J］．财经研究，

2018, 44 (7): 4 – 15.

[40] Abadie A, Diamond A, Hainmueller J. Synthetic control methods for comparative case studies: Estimating the effect of California's tobacco control program [J]. Journal of the American Statistical Association, 2010, 105 (490): 493 – 505.

[41] Aizer A. Peer effects, institutions and human capital accumulation: the externalities of ADD [J]. NBER Working Paper, 2009, 14354.

[42] Ajilore O, et al. Uncovering peer effects mechanisms with weight outcomes using spatial econometrics [J]. The Social Science Journal, 2014, 51.4: 645 – 651.

[43] Alatas V, et al. Network structure and the aggregation of information: Theory and evidence from Indonesia [J]. American Economic Review, 2016, 106.7: 1663 – 1704.

[44] Almlund M, et al. Personality psychology and economics [J]. In: Handbook of the Economics of Education. Elsevier, 2011. p. 1 – 181.

[45] Anagnostopoulos A, Kumar R, Mahdian M. Influence and correlation in social networks. In: Proceedings of the 14th ACM SIGKDD international conference on knowledge discovery and data mining. 2008. p. 7 – 15.

[46] Angrist J D, Lang K. Does school integration generate peer effects? Evidence from Boston's Metco Program [J]. American Economic Review, 2004, 94.5: 1613 – 1634.

[47] Anselin L. Lagrange multiplier test diagnostics for spatial dependence and spatial heterogeneity [J]. Geographical analysis, 1988, 20.1: 1 – 17.

[48] Anselin L. Spatial econometrics: methods and models [J]. Springer Science & Business Media, 2013, Vol. 4.

[49] Anselin L, Bongiovanni R, Lowenberg-Deboer J. A spatial econometric approach to the economics of site-specific nitrogen management in corn production [J]. American Journal of Agricultural Economics, 2004, 86.3: 675 – 687.

[50] Anselin L, Florax R, Rey S J. (ed.). Advances in spatial econo-

metrics: methodology, tools and applications [J]. Springer Science & Business Media, 2013.

[51] Anselin L, et al. Valuing access to water—a spatial hedonic approach, with an application to Bangalore, India [J]. Spatial Economic Analysis, 2010, 5.2: 161–179.

[52] Antman F M. The intergenerational effects of paternal migration on schooling and work: What can we learn from children's timeallocations? [J]. Journal of Development Economics, 2011, 96.2: 200–208.

[53] Antman F M. Gender, educational attainment, and the impact of parental migration on children left behind [J]. Journal of Population Economics, 2012, 25: 1187–1214.

[54] Aral S, Van A, Marshall. Network structure and information advantage: Structural Determinants of Access to Novel Information and their Performance Implications [J]. MIT, Retrieved June, 2007, 28: 2010.

[55] Aral S, Walker D. Identifying influential and susceptible members of social networks [J]. Science, 2012, 337.6092: 337–341.

[56] Arcidiacono P, Nicholson S. Peer effects in medical school [J]. Journal of public Economics, 2005, 89.2–3: 327–350.

[57] Arcidiacono P, et al. Estimating spillovers using panel data, with an application to the classroom [J]. Quantitative Economics, 2012, 3.3: 421–470.

[58] Arduini T, Patacchini E, Rainone E. Parametric and semiparametric IV estimation of network models with selectivity [EB/OL]. EconPapers, 2015–10–22. (2015–10–22) [2023–10–08]. https://econpapers.repec.org/paper/eiewpaper/1509. htm.

[59] Arnott R, Rowse J. Peer group effects and educational attainment [J]. Journal of Public Economics, 1987, 32.3: 287–305.

[60] Attanasio, O P. The determinants of human capital formation during the early years of life: Theory, measurement, and policies [J]. Journal of the European Economic Association, 2015, 13.6: 949–997.

[61] Auerbach E. Identification and estimation of models with endogenous

network formation [J]. Unpublished manuscript, 2016.

[62] Bahr D B, et al. Exploiting social networks to mitigate the obesity epidemic [J]. Obesity, 2009, 17. 4: 723 –728.

[63] Baldry A C. Bullying in schools and exposure to domestic violence [J]. Child abuse & neglect, 2003, 27. 7: 713 –732.

[64] Baldwin T T, Bedell M D, Johnson J L. The social fabric of a team-based MBA program: Network effects on student satisfaction and performance [J]. Academy of management journal, 1997, 40. 6: 1369 –1397.

[65] Banerjee A V, et al. Remedying education: Evidence from two randomized experiments in India [J]. The quarterly journal of economics, 2007, 122. 3: 1235 –1264.

[66] Banerjee A, et al. Mainstreaming an effective intervention: Evidence from randomized evaluations of "Teaching at the Right Level" in India [J]. National Bureau of Economic Research, 2016.

[67] Banerjee A, et al. The diffusion of microfinance [J]. Science, 2013, 341. 6144: 1236498.

[68] World B. World development report 2018: Learning to realize education's promise [R]. The World Bank, 2017.

[69] Bargh J A, Schul Y. On the cognitive benefits of teaching [J]. Journal of Educational Psychology, 1980, 72. 5: 593.

[70] Barnes J C, et al. A behavior genetic analysis of the tendency for youth to associate according to GPA [J]. Social Networks, 2014, 38: 41 –49.

[71] Funke U H, Bass F M. A New Product Growth Model for Consumer Durables [J]. Mathematical Models in Marketing: A Collection of Abstracts, 1976, 351 –353.

[72] Beck L L, Chizhik A W. An experimental study of cooperative learning in CS1 [J]. Acm Sigcse Bulletin, 2008, 40. 1: 205 –209.

[73] Becker G S. Human capital: A theoretical and empirical analysis, with special reference to education [M]. University of Chicago press, 2009.

[74] Benda B B. The robustness of self-control in relation to form of delin-

quency [J]. Youth & Society, 2005, 36. 4: 418 – 444.

[75] Berthelon M, et al. The structure of peers: The impact of peer networks on academic achievement [J]. Research in Higher Education, 2019, 60: 931 – 959.

[76] Betts L R, Stiller J. Centrality in children's best friend networks: The role of social behaviour [J]. British Journal of Developmental Psychology, 2014, 32. 1: 34 – 49.

[77] Beugnot J, et al. Gender and peer effects on performance in social networks [J]. European Economic Review, 2019, 113: 207 – 224.

[78] Bietenbeck J. The long-term impacts of low-achieving childhood peers: Evidence from project star [J]. Journal of the European Economic Association, 2020, 18. 1: 392 – 426.

[79] Bifulco R, Fletcher J M, Ross S L. The effect of classmate characteristics on post-secondary outcomes: Evidence from the Add Health [J]. American Economic Journal: Economic Policy, 2011, 3. 1: 25 – 53.

[80] Black D S, Sussman S, Unger J B. A further look at the intergenerational transmission of violence: Witnessing interparental violence in emerging adulthood [J]. Journal of interpersonal violence, 2010, 25. 6: 1022 – 1042.

[81] Black S E, Devereux P J, Salvanes K G. Under pressure? The effect of peers on outcomes of young adults [J]. Journal of Labor Economics, 2013, 31. 1: 119 – 153.

[82] Blimpo M P. Team incentives for education in developing countries: A randomized field experiment in Benin [J]. American Economic Journal: Applied Economics, 2014, 6. 4: 90 – 109.

[83] Bloom B S. Human characteristics and school learning [M]. McGraw-Hill, 1976.

[84] Blume L E, et al. Identifying social interactions: A review. Madison: Social Systems Research Institute [M]. University of Wisconsin, 2005.

[85] Bond R M, Chykina V, Jones J J. Social network effects on academic achievement [J]. The Social Science Journal, 2017, 54. 4: 438 – 449.

[86] Boneva T, Rauh C. Parental beliefs about returns to educational investments – the later the better? [J]. Journal of the European Economic Association, 2018, 16.6: 1669 – 1711.

[87] Booij A S, Leuven E, Oosterbeek H. Ability peer effects in university: Evidence from a randomized experiment [J]. The review of economic studies, 2017, 84.2: 547 – 578.

[88] Borgatti S P, et al. Network analysis in the social sciences [J]. science, 2009, 323.5916: 892 – 895.

[89] Borghans L, et al. The economics and psychology of personality traits [J]. Journal of human Resources, 2008, 43.4: 972 – 1059.

[90] Bowles S. Towards an educational production function. In: Education, income, and human capital [J]. NBER, 1970. p. 11 – 70.

[91] Bramoullé Y, Djebbari H, Fortin B. Identification of peer effects through social networks [J]. Journal of econometrics, 2009, 150.1: 41 – 55.

[92] Brass D J. Structural relationships, job characteristics, and worker satisfaction and performance [J]. Administrative science quarterly, 1981, 331 – 348.

[93] Brock W A, Durlauf S N. Identification of binary choice models with social interactions [J]. Journal of Econometrics, 2007, 140.1: 52 – 75.

[94] Brunello G, De Paola M, Scoppa V. Peer effects in higher education: Does the field of study matter? [J]. Economic Inquiry, 2010, 48.3: 621 – 634.

[95] Burke M A, Sass T R. Classroom peer effects and student achievement [J]. Journal of Labor Economics, 2013, 31.1: 51 – 82.

[96] Calvó-Armengol A, Patacchini E, Zenou Y. Peer effects and social networks in education [J]. The review of economic studies, 2009, 76.4: 1239 – 1267.

[97] Carbonaro W, Workman J. Intermediate peer contexts and educational outcomes: do the friends of students' friends matter? [J]. Social Science Research, 2016, 58: 184 – 197.

［98］ Carman K G, Zhang L. Classroom peer effects and academic achieve-ment: Evidence from a Chinese middle school ［J］. China Economic Review, 2012, 23. 2: 223 –237.

［99］ Carolan B V. Social network analysis and education: Theory, meth-ods & applications ［J］. Sage Publications, 2013.

［100］ Carrell S E, Hoekstra M L. Externalities in the classroom: How children exposed to domestic violence affect everyone's kids ［J］. American Economic Journal: Applied Economics, 2010, 2. 1: 211 –228.

［101］ Carrell S E, Fullerton R L, West J E. Does your cohort matter? Measuring peer effects in college achievement ［J］. Journal of Labor Econom-ics, 2009, 27. 3: 439 –464.

［102］ Carrell S E, Hoekstra M, Kuka E. The long-run effects of disrup-tive peers ［J］. American Economic Review, 2018, 108. 11: 3377 –3415.

［103］ Carrell S E, Malmstrom F V, West J E. Peer effects in academic cheating ［J］. Journal of human resources, 2008, 43. 1: 173 –207.

［104］ Carrell S E, Sacerdote B I, West J E. From natural variation to op-timal policy? The importance of endogenous peer group formation ［J］. Econo-metrica, 2013, 81. 3: 855 –882.

［105］ Case A C. Spatial patterns in household demand ［J］. Econometri-ca: Journal of the Econometric Society, 1991, 953 –965.

［106］ Case A, Paxson C. Stature and status: Height, ability, and labor market outcomes ［J］. Journal of political Economy, 2008, 116. 3: 499 –532.

［107］ Castilla E J, Lan G J, Rissing B A. Social networks and employ-ment: Outcomes (part 2) ［J］. Sociology Compass, 2013, 7. 12: 1013 –1026.

［108］ Castilla E J, Lan G J, Rissing B A. Social networks and employ-ment: Mechanisms (Part 1) ［J］. Sociology Compass, 2013, 7. 12: 999 –1012.

［109］ Centola D. The spread of behavior in an online social network exper-iment ［J］. science, 2010, 329. 5996: 1194 –1197.

［110］ Chamorro-Premuzic T, Furnham A. A possible model for under-standing the personality-intelligence interface ［J］. British Journal of Psychology, 2004, 95. 2: 249 – 264.

[111] Chamorro-Premuzic T, Furnham A. Personality predicts academic performance: Evidence from two longitudinal university samples [J]. Journal of research in personality, 2003, 37. 4: 319 – 338.

[112] Chen R, Gong J. Can self selection create high-performing teams? [J]. Journal of Economic Behavior & Organization, 2018, 148: 20 – 33.

[113] Wing-Yi Cheng R, Lam S F, Chung-Yan Chan J. When high achievers and low achievers work in the same group: The roles of group heterogeneity and processes in project-based learning [J]. British Journal of Educational Psychology, 2008, 78. 2: 205 – 221.

[114] Chetty R, et al. How does your kindergarten classroom affect your earnings? Evidence from Project STAR [J]. The Quarterly journal of economics, 2011, 126. 4: 1593 – 1660.

[115] Cho H, et al. Social networks, communication styles, and learning performance in a CSCL community [J]. Computers & education, 2007, 49. 2: 309 – 329.

[116] Christakis N A, Fowler J H. The spread of obesity in a large social network over 32 years [J]. New England journal of medicine, 2007, 357. 4: 370 – 379.

[117] Christakis N A, Fowler J H. The collective dynamics of smoking in a large social network [J]. New England journal of medicine, 2008, 358. 21: 2249 – 2258.

[118] Cicala S, Fryer R G, Spenkuch J L. Self-selection and comparative advantage in social interactions [J]. Journal of the European Economic Association, 2018, 16. 4: 983 – 1020.

[119] Cohen-Cole E, Fletcher J M. Is obesity contagious? Social networks vs. environmental factors in the obesity epidemic [J]. Journal of health economics, 2008, 27. 5: 1382 – 1387.

[120] Coleman J S, Jonassohn K, Johnstone J W C. Social climates in high schools [M]. US Department of Health, Education, and Welfare, Office

of Education, 1961.

[121] Coleman J S. Equality of educational opportunity [J]. Integrated education, 1968, 6. 5: 19 - 28.

[122] Coleman J S. Social capital in the creation of human capital [J]. American journal of sociology, 1988, 94: S95 - S120.

[123] Coleman J S, et al. Equality of Educational Opportunity. Washington: US Dept. Of Health, Education, and Welfare, Of ice of Education [J]. Pág, 1996, 36.

[124] Conard M A. Aptitude is not enough: How personality and behavior predict academic performance [J]. Journal of research in personality, 2006, 40. 3: 339 - 346.

[125] Cooley J. Desegregation and the Achievement Gap: Do Diverse Peers Help? . Unpublished manuscript [M]. Department of Economics, University of Wisconsin at Madison, 2010.

[126] Cunha F, Heckman J. The technology of skill formation [J]. American economic review, 2007, 97. 2: 31 - 47.

[127] Cunha F, Heckman J J. The economics and psychology of inequality and human development [J]. Journal of the European Economic Association, 2009, 7. 2 - 3: 320 - 364.

[128] Cunha F, Heckman J J, Schennach S M. Estimating the technology of cognitive and noncognitive skill formation [J]. Econometrica, 2010, 78. 3: 883 - 931.

[129] Currie J, Almond D. Human capital development before age five [M]. In: Handbook of labor economics. Elsevier, 2011: 1315 - 1486.

[130] De Giorgi G, Pellizzari M. Understanding social interactions: Evidence from the classroom [J]. The Economic Journal, 2014, 124. 579: 917 - 953.

[131] De Giorgi G, Pellizzari M, Redaelli S. Be as careful of the books you read as of the company you keep: Evidence on peer effects in educational choices [J]. 2007. No. 2833.

［132］De Giorgi G, Pellizzari M, Redaelli S. Identification of social interactions through partially overlapping peer groups ［J］. American Economic Journal: Applied Economics, 2010, 2. 2: 241 – 275.

［133］Degenne A, Forsé M. Introducing social networks ［J］. Sage, 1999.

［134］Del Boca D, Flinn C, Wiswall M. Transfers to households with children and child development ［J］. The Economic Journal, 2016, 126. 596: F136 – F183.

［135］Denison E F. Accounting for United States economic growth, 1929 – 1969 ［J］. (No Title), 1974.

［136］Ding W, Lehrer S F. Do peers affect student achievement in China's secondary schools? ［J］. The Review of Economics and Statistics, 2007, 89. 2: 300 – 312.

［137］Drakeford W. The effects of cooperative learning on the classroom participation of students placed at risk for societal failure ［J］. Psychology Research, 2012, 2. 4: 239 – 246.

［138］Dubos R. Social capital: Theory and research ［J］. Routledge, 2017.

［139］Duflo E, Dupas P, Kremer M. Peer effects, teacher incentives, and the impact of tracking: Evidence from a randomized evaluation in Kenya ［J］. American economic review, 2011, 101. 5: 1739 – 1774.

［140］Durlauf S N. Neighborhood effects ［J］. Handbook of regional and urban economics, 2004, 4: 2173 – 2242.

［141］Epple D, Romano R E. Competition between private and public schools, vouchers, and peer-group effects ［J］. American Economic Review, 1998, 33 – 62.

［142］Epple D, Romano R E. Peer effects in education: A survey of the theory and evidence ［M］. In: Handbook of social economics. North-Holland, 2011. p. 1053 – 1163.

［143］Evans D K, Popova A. What really works to improve learning in developing countries? An analysis of divergent findings in systematic reviews [J]. The World Bank Research Observer, 2016, 31. 2: 242 – 270.

[144] Evans W N, Oates W E, Schwab R M. Measuring peer group effects: A study of teenage behavior [J]. Journal of Political Economy, 1992, 100. 5: 966 – 991.

[145] Falk A, Ichino A. Clean evidence on peer effects [J]. Journal of labor economics, 2006, 24. 1: 39 – 57.

[146] Feld J, Zölitz U. Understanding peer effects: On the nature, estimation, and channels of peer effects [J]. Journal of Labor Economics, 2017, 35. 2: 387 – 428.

[147] Fletcher J M, Kim J. Learning hope and optimism: Classmate experiences and adolescent development [J]. Applied Economics Letters, 2019, 26. 5: 409 – 412.

[148] Fletcher J M, Ross S L, Zhang Y X. The consequences of friendships: Evidence on the effect of social relationships in school on academic achievement [J]. Journal of Urban Economics, 2020, 116: 103241.

[149] Foster G. Making friends: A nonexperimental analysis of social pair formation [J]. Human Relations, 2005, 58. 11: 1443 – 1465.

[150] Fowler J H, Christakis N A. (2008). Dynamic spread of happiness in a large social network: longitudinal analysis over 20 years in the Framingham Heart Study [J]. British Medical Journal, 337 (42), a2338.

[151] Freeman L C, et al. Centrality in social networks: Conceptual clarification. Social network: critical concepts in sociology [J]. Londres: Routledge, 2002, 1: 238 – 263.

[152] Freeman L C. The Development of Social Network Analysis: A Study in the Sociology of Science. North Charleston, SC: BookSurge [J]. 2004.

[153] Fruehwirth J C. Can achievement peer effect estimates inform policy? a view from inside the black box [J]. Review of Economics and Statistics, 2014, 96. 3: 514 – 523.

［154］Fu F, et al. Imitation dynamics of vaccination behaviour on social networks ［J］. Proceedings of the Royal Society B: Biological Sciences, 2011, 278. 1702: 42 –49.

［155］Garlick R. Academic peer effects with different group assignment policies: Residential tracking versus random assignment ［J］. American Economic Journal: Applied Economics, 2018, 10. 3: 345 –369.

［156］Gašević D, Zouaq A, Janzen R. "Choose your classmates, your GPA is at stake!" The association of cross – class social ties and academic performance ［J］. American Behavioral Scientist, 2013, 57. 10: 1460 –1479.

［157］Gaviria A, Raphael S. School-based peer effects and juvenile behavior ［J］. Review of Economics and Statistics, 2001, 83. 2: 257 –268.

［158］Gibbons S, Telhaj S. Peers and achievement in England's secondary schools ［J］. 2008.

［159］Gifford R. Projected interpersonal distance and orientation choices: Personality, sex, and social situation ［J］. Social Psychology Quarterly, 1982: 145 –152.

［160］Glasser W. Control theory in the classroom ［M］. Perennial Library/ Harper & Row Publishers, 1986.

［161］Glewwe P, Muralidharan K. Improving education outcomes in developing countries: Evidence, knowledge gaps, and policy implications ［M］ // Handbook of the Economics of Education. Elsevier, 2016, 5: 653 –743.

［162］Glewwe P, Huang Q, Park A. Cognitive skills, noncognitive skills, and school-to-work transitions in rural China ［J］. Journal of Economic Behavior & Organization, 2017, 134: 141 –164.

［163］Gokhale A. Collaborative Learning Enhances Critical Thinking Journal of Technology Education ［J］. JTE/v7n1/gokhale. jte-v7n1. html, 1995, (7): 22 –30.

［164］Goldberg L R. An alternative "description of personality": the big-five factor structure ［J］. Journal of personality and social psychology, 1990, 59 (6): 1216 –1229.

[165] Goldberg L R. The development of markers for the Big-Five factor structure [J]. Psychological assessment, 1992, 4 (1): 26 – 42.

[166] Goldsmith-Pinkham P, Imbens G W. Social networks and the identification of peer effects [J]. Journal of Business & Economic Statistics, 2013, 31 (3): 253 – 264.

[167] Golub B, Jackson M O. How homophily affects the speed of learning and best-response dynamics [J]. The Quarterly Journal of Economics, 2012, 127 (3): 1287 – 1338.

[168] Gong J, Lu Y, Song H. Gender peer effects on students' academic and noncognitive outcomes: Evidence and mechanisms [J]. Journal of Human Resources, 2021, 56 (3): 686 – 710.

[169] Graham B S. Identifying social interactions through conditional variance restrictions [J]. Econometrica, 2008, 76 (3): 643 – 660.

[170] Graham B S. An econometric model of network formation with degree heterogeneity [J]. Econometrica, 2017, 85 (4): 1033 – 1063.

[171] Graham B S, Hahn J. Identification and estimation of the linear-in-means model of social interactions [J]. Economics Letters, 2005, 88 (1): 1 – 6.

[172] Guryan J, Kroft K, Notowidigdo M J. Peer effects in the workplace: Evidence from random groupings in professional golf tournaments [J]. American Economic Journal: Applied Economics, 2009, 1 (4): 34 – 68.

[173] Hahn Y, Islam A, Patacchini E, Zenou Y. Network structure and education outcomes: evidence from a field experiment in bangladesh [J]. The Economic Journal, 2019, 130 (4): 740 – 764.

[174] Hanushek E A. Assessing the effects of school resources on student performance: An update [J]. Educational evaluation and policy analysis, 1997, 19 (2): 141 – 164.

[175] Hanushek E A, Kain J F, Markman J M, et al. Does peer ability affect student achievement? [J]. Journal of applied econometrics, 2003, 18 (5): 527 – 544.

［176］Hänze M, Berger R. Cooperative learning, motivational effects, and student characteristics: An experimental study comparing cooperative learning and direct instruction in 12th grade physics classes ［J］. Learning and instruction, 2007, 17 (1): 29 –41.

［177］Harmon N, Fisman R, Kamenica E. Peer effects in legislative voting ［J］. American Economic Journal: Applied Economics, 2019, 11 (4): 156 – 180.

［178］Harris J E, López-Valcárcel B G. Asymmetric peer effects in the analysis of cigarette smoking among young people in the United States, 1992 – 1999 ［J］. Journal of health economics, 2008, 27 (2): 249 –264.

［179］Hartmann W R, Manchanda P, Nair H, et al. Modeling social interactions: Identification, empirical methods and policy implications ［J］. Marketing letters, 2008, 19: 287 –304.

［180］Hastings N, Schwieso J. Tasks and tables: The effects of seating arrangements on task engagement in primary classrooms ［J］. Educational Research, 1995, 37 (3): 279 –291.

［181］Heckman J, Pinto R, Savelyev P. Understanding the mechanisms through which an influential early childhood program boosted adult outcomes ［J］. American Economic Review, 2013, 103 (6): 2052 –2086.

［182］Heckman J J. Lessons from the technology of skill formation ［J］. Annals of the New York Academy of Sciences, 2004, 1038: 179 –200.

［183］Heckman J J. Skill formation and the economics of investing in disadvantaged children ［J］. Science, 2006, 312 (5782): 1900 –1902.

［184］Heckman J J. Schools, skills, and synapses ［J］. Economic inquiry, 2008, 46 (3): 289 –324.

［185］Heckman J J, Mosso S. The economics of human development and social mobility ［J］. Annu. Rev. Econ. , 2014, 6 (1): 689 –733.

［186］Heckman J J, Rubinstein Y. The importance of noncognitive skills: Lessons from the GED testing program ［J］. American economic review, 2001, 91 (2): 145 –149.

[187] Heckman J J, Kautz T. Fostering and Measuring Skills: Interventions that Improve Character and Cognition [J]. NBER Working Paper, 2013 (w19656).

[188] Heckman J J, Moon S H, Pinto R, et al. The rate of return to the High Scope Perry Preschool Program [J]. Journal of public Economics, 2010, 94 (1-2): 114-128.

[189] Heckman J J, Stixrud J, Urzua S. The effects of cognitive and non-cognitive abilities on labor market outcomes and social behavior [J]. Journal of Labor economics, 2006, 24 (3): 411-482.

[190] Heckman J, Pinto R, Savelyev P. Understanding the mechanisms through which an influential early childhood program boosted adult outcomes [J]. American Economic Review, 2013, 103 (6): 2052-2086.

[191] Heckman J J, Kautz T. Hard evidence on soft skills [J]. Labour economics, 2012, 19 (4): 451-464.

[192] Heckman J J, Moon S H, Pinto R, et al. The rate of return to the HighScope Perry Preschool Program [J]. Journal of public Economics, 2010, 94 (1-2): 114-128.

[193] Heckman J J. Schools, skills, and synapses [J]. Economic inquiry, 2008, 46 (3): 289-324.

[194] Hermansen A S, Birkelund G E. The impact of immigrant classmates on educational outcomes [J]. Social Forces, 2015, 94 (2): 615-646.

[195] Hoel J, Parker J, Rivenburg J. Peer effects: do first-year classmates, roommates, and dormmates affect students' academic success [C] // Higher education data sharing consortium winter conference, Santa Fe, NM. 2005.

[196] Hommes J, Rienties B, de Grave W, et al. Visualising the invisible: a network approach to reveal the informal social side of student learning [J]. Advances in Health Sciences Education, 2012, 17: 743-757.

[197] Hong S C, Lee J. Who is sitting next to you? Peer effects inside the

classroom [J]. Quantitative Economics, 2017, 8 (1): 239 - 275.

[198] Howes C, Rubin K H, Ross H S, et al. Peer interaction of young children [J]. Monographs of the society for research in child development, 1988: 1 - 92.

[199] Hoxby C M. Peer Effects in the Classroom: Learning from Gender and Race Variation [J]. NBER Working Paper, 2000 (w7867).

[200] Hoxby C M, Weingarth G. Taking race out of the equation: School reassignment and the structure of peer effects [R]. Working paper, 2005 (w7867).

[201] Hsieh C S, Lee L F. A social interactions model with endogenous friendship formation and selectivity [J]. Journal of Applied Econometrics, 2016, 31 (2): 301 - 319.

[202] Hsieh C S, Lin X. Gender and racial peer effects with endogenous network formation [J]. Regional Science and Urban Economics, 2017, 67: 135 - 147.

[203] Humphreys B, Johnson R T, Johnson D W. Effects of cooperative, competitive, and individualistic learning on students' achievement in science class [J]. Journal of research in science teaching, 1982, 19 (5): 351 - 356.

[204] Imberman S A, Kugler A D, Sacerdote B I. Katrina's children: Evidence on the structure of peer effects from hurricane evacuees [J]. American Economic Review, 2012, 102 (5): 2048 - 2082.

[205] Jackson C K. Non-cognitive ability, test scores, and teacher quality: Evidence from 9th grade teachers in North Carolina [R]. National Bureau of Economic Research, 2012 (w18624).

[206] Jackson C K, Bruegmann E. Teaching students and teaching each other: The importance of peer learning for teachers [J]. American Economic Journal: Applied Economics, 2009, 1 (4): 85 - 108.

[207] Jackson, M O. A survey of models of network formation: Stability and efficiency. In G. Demange, & M. Wooders (Eds.), Group formation in economics: Networks, clubs, and coalitions (pp. 11 - 57) [M]. Cambridge

University Press. 2005.

[208] Jackson M O. Social and economic networks [M]. Princeton: Princeton university press, 2008.

[209] Jackson M O. Networks in the understanding of economic behaviors [J]. Journal of Economic Perspectives, 2014, 28 (4): 3 - 22.

[210] Jackson M O, Rogers B W, Zenou Y. The economic consequences of social-network structure [J]. Journal of Economic Literature, 2017, 55 (1): 49 - 95.

[211] Jain T, Kapoor M. The impact of study groups and roommates on academic performance [J]. Review of Economics and Statistics, 2015, 97 (1): 44 - 54.

[212] Jain T, Langer N. does whom you know matter? unraveling the influence of peers'network attributes on academic performance [J]. Economic Inquiry, 2019, 57 (1): 141 - 161.

[213] Johnson D W, Johnson R T. An educational psychology success story: Social interdependence theory and cooperative learning [J]. Educational researcher, 2009, 38 (5): 365 - 379.

[214] Johnson D W. Cooperative learning in the classroom [M]. Association for Supervision and Curriculum Development, 1250 N. Pitt St. , Alexandria, VA 22314, 1994.

[215] Johnson D W, Johnson R T. Learning together and alone: Overview and meta-analysis [J]. Asia Pacific Journal of Education, 2002, 22 (1): 95 - 105.

[216] Johnson D W, Johnson R T. Using technology to revolutionize cooperative learning: An opinion [J]. Frontiers in psychology, 2014, 5: 1156.

[217] Johnson D W, Johnson R T. Making cooperative learning work [J]. Theory into practice, 1999, 38 (2): 67 - 73.

[218] Johnson D W, Johnson R T. An educational psychology success story: Social interdependence theory and cooperative learning [J]. Educational researcher, 2009, 38 (5): 365 - 379.

[219] Christie D J. The encyclopedia of peace psychology [M]. John Wiley & Sons, 2011.

[220] Johnson D W, Johnson R T, Roseth C. Cooperative Learning In Middle Schools Interrelationship of Relationships and Achievement [J]. Middle grades research journal, 2010, 5 (1): 1 –18.

[221] Johnson D W, Johnson R T, Smith K. The state of cooperative learning in postsecondary and professional settings [J]. Educational psychology review, 2007, 19: 15 –29.

[222] Johnson D W, Johnson R T, Stanne M B. Cooperative learning methods: A meta-analysis [J]. 2000.

[223] Johnson D W, Johnson R T, Holubec E J. The new circles of learning: Cooperation in the classroom and school [M]. ASCD, 1994.

[224] Johnson D W. Cooperative Learning: Increasing College Faculty Instructional Productivity. ASHE-ERIC Higher Education Report No. 4, 1991 [M]. ASHE-ERIC Higher Education Reports, George Washington University, One Dupont Circle, Suite 630, Washington, DC 20036 –1183, 1991.

[225] Johnson R T, Johnson D W. Active learning: Cooperation in the classroom [J]. The annual report of educational psychology in Japan, 2008, 47: 29 –30.

[226] Johnsson I, Moon H R. Estimation of peer effects in endogenous social networks: control function approach [J]. Review of Economics and Statistics, 2015: 1 –51.

[227] Kang C. Classroom peer effects and academic achievement: Quasi-randomization evidence from South Korea [J]. Journal of Urban Economics, 2007, 61 (3): 458 –495.

[228] Johnsson I, Moon H R. Estimation of peer effects in endogenous social networks: control function approach [J]. Review of Economics and Statistics, 2015: 1 –51.

[229] Kautz T, Heckman J J, Diris R, et al. Fostering and Measuring Skills: Improving Cognitive and Non-Cognitive Skills to Promote Lifetime Success

[J]. NBER Working Paper, 2014 (w20749).

[230] Kelejian H H, Prucha I R. On the asymptotic distribution of the Moran I test statistic with applications [J]. Journal of econometrics, 2001, 104 (2): 219 –257.

[231] Kharas H, Kohli H. What is the middle income trap, why do countries fall into it, and how can it be avoided? [J]. Global Journal of Emerging Market Economies, 2011, 3 (3): 281 –289.

[232] Kinsler J. School policy and student outcomes in equilibrium: Determining the price of delinquency [J]. University of Rochester, 2009.

[233] Knight G P, Chao C C. Gender differences in the cooperative, competitive, and individualistic social values of children [J]. Motivation and emotion, 1989, 13: 125 –141.

[234] Komarraju M, Karau S J, Schmeck R R, et al. The Big Five personality traits, learning styles, and academic achievement [J]. Personality and individual differences, 2011, 51 (4): 472 –477.

[235] Krauth B V. Simulation-based estimation of peer effects [J]. Journal of Econometrics, 2006, 133 (1): 243 –271.

[236] Kremer M, Levy D. Peer effects and alcohol use among college students [J]. Journal of Economic perspectives, 2008, 22 (3): 189 –206.

[237] Kretschmer D, Leszczensky L, Pink S. Selection and influence processes in academic achievement – More pronounced for girls? [J]. Social Networks, 2018, 52: 251 –260.

[238] Laschever R. The doughboys network: social interactions and labor market outcomes of World War I veterans [J]. Unpublished manuscript, Northwestern University, 2005, 48.

[239] Lavy V, Silva O, Weinhardt F. The good, the bad, and the average: Evidence on ability peer effects in schools [J]. Journal of Labor Economics, 2012, 30 (2): 367 –414.

[240] Lavy V, Sand E. The effect of social networks on students' academic and non-cognitive behavioural outcomes: Evidence from conditional random as-

signment of friends in school [J]. The Economic Journal, 2019, 129 (617):
439 –480.

[241] Lavy V, Schlosser A. Mechanisms and impacts of gender peer effects at school [J]. American Economic Journal: Applied Economics, 2011, 3 (2): 1 –33.

[242] Lavy V, Paserman M D, Schlosser A. Inside the black box of ability peer effects: Evidence from variation in the proportion of low achievers in the classroom [J]. The Economic Journal, 2012, 122 (559): 208 –237.

[243] Lavy V, Silva O, Weinhardt F. The good, the bad, and the average: Evidence on ability peer effects in schools [J]. Journal of Labor Economics, 2012, 30 (2): 367 –414.

[244] Lazarowitz R, Hertz-Lazarowitz R, Baird J H. Learning science in a cooperative setting: Academic achievement and affective outcomes [J]. Journal of research in science teaching, 1994, 31 (10): 1121 –1131.

[245] Lee L F. Identification and estimation of econometric models with group interactions, contextual factors and fixed effects [J]. Journal of econometrics, 2007, 140 (2): 333 –374.

[246] Li L, Mak E, Wang C. Deskmates: Reconsidering Optimal Peer Assignments within the Classroom [J]. Available at SSRN 3537509, 2019.

[247] Lin N. Social capital: A theory of social structure and action [M]. Cambridge university press, 2002. (19).

[248] Lin X. Peer effects and student academic achievement: An application of spatial autoregressive model with group unobservables [D]. Mimeo, Department of Economics, Tsinghyua University, Beijing. 2007.

[249] Lin X. Identifying peer effects in student academic achievement by spatial autoregressive models with group unobservables [J]. Journal of Labor Economics, 2010, 28 (4): 825 –860.

[250] Lin X. Utilizing spatial autoregressive models to identify peer effects among adolescents [J]. Empirical Economics, 2015, 49: 929 –960.

[251] Liu X, Patacchini E, Zenou Y. Endogenous peer effects: local ag-

gregate or local average? [J]. Journal of Economic Behavior & Organization, 2014, 103: 39 – 59.

[252] Liu Z, Kang L, Domanska M, et al. Social Network Characteristics of Learners in a Course Forum and Their Relationship to Learning Outcomes [C] //CSEDU (1). 2018: 15 – 21.

[253] Lu F. Testing peer effects among college students: evidence from an unusual admission policy change in China [J]. Asia Pacific Education Review, 2014, 15: 257 – 270.

[254] Lu F, Anderson M L. Peer effects in microenvironments: The benefits of homogeneous classroom groups [J]. Journal of Labor Economics, 2015, 33 (1): 91 – 122.

[255] Lü L, Chen D, Ren X L, et al. Vital nodes identification in complex networks [J]. Physics reports, 2016, 650: 1 – 63.

[256] Lyle D S. Estimating and interpreting peer and role model effects from randomly assigned social groups at West Point [J]. The Review of Economics and Statistics, 2007, 89 (2): 289 – 299.

[257] Lyle D S. The effects of peer group heterogeneity on the production of human capital at West Point [J]. American Economic Journal: Applied Economics, 2009, 1 (4): 69 – 84.

[258] MacAulay D J. Classroom environment: A literature review [J]. Educational psychology, 1990, 10 (3): 239 – 253.

[259] Magnuson K, Duncan G J. Can early childhood interventions decrease inequality of economic opportunity? [J]. RSF: The Russell Sage Foundation Journal of the Social Sciences, 2016, 2 (2): 123 – 141.

[260] Manski C F. Identification of endogenous social effects: The reflection problem [J]. The review of economic studies, 1993, 60 (3): 531 – 542.

[261] Marmaros D, Sacerdote B. How do friendships form? [J]. The Quarterly Journal of Economics, 2006, 121 (1): 79 – 119.

[262] Mas A, Moretti E. Peers at work [J]. American Economic Review, 2009, 99 (1): 112 – 145.

[263] Mayer A, Puller S L. The old boy (and girl) network: Social network formation on university campuses [J]. Journal of Public Economics, 2008, 92 (1 – 2): 329 – 347.

[264] McEwan P J. Peer effects on student achievement: Evidence from Chile [J]. Economics of education review, 2003, 22 (2): 131 – 141.

[265] McKenzie D, Rapoport H. Can migration reduce educational attainment? Evidence from Mexico [J]. Journal of Population Economics, 2011, 24: 1331 – 1358.

[266] McPherson M, Smith-Lovin L, Cook J M. Birds of a feather: Homophily in social networks [J]. Annual review of sociology, 2001, 27 (1): 415 – 444.

[267] Meijs N, Cillessen A H N, Scholte R H J, et al. Social intelligence and academic achievement as predictors of adolescent popularity [J]. Journal of youth and adolescence, 2010, 39: 62 – 72.

[268] Mendolia S, Paloyo A R, Walker I. Heterogeneous effects of high school peers on educational outcomes [J]. Oxford Economic Papers, 2018, 70 (3): 613 – 634.

[269] Millis B J, Cottell Jr P G. Cooperative Learning for Higher Education Faculty. Series on Higher Education [M]. Oryx Press, PO Box 33889, Phoenix, AZ 85067 – 3889, 1997.

[270] Mincer J. Investment in human capital and personal income distribution [J]. Journal of political economy, 1958, 66 (4): 281 – 302.

[271] Moffitt R A. Policy interventions, low-level equilibria, and social interactions [J]. Social dynamics, 2001, 4 (45 – 82): 6 – 17.

[272] World Bank. World development report 2018: Learning to realize education's promise [M]. The World Bank, 2018.

[273] Muralidharan K. Field experiments in education in developing countries [M] //Handbook of economic field experiments. North-Holland, 2017, 2: 323 – 385.

[274] Mushtaq A, Badar K, Anwar M, et al. Exploring the relationship of

network centrality and academic performance of female students [J]. Sarhad Journal of Management Sciences, 2016, 2 (02): 195 – 206.

[275] Nanda R, Sørensen J B. Peer effects and entrepreneurship [M]. Boston: Harvard Business School, 2008: 8 – 51.

[276] Neidell M, Waldfogel J. Cognitive and noncognitive peer effects in early education [J]. The Review of Economics and Statistics, 2010, 92 (3): 562 – 576.

[277] Obadi G, Drázdilová P, Martinovic J, et al. Using Spectral Clustering for Finding Students' Patterns of Behavior in Social Networks [C] //DATE-SO. 2010: 118 – 130.

[278] Ortiz M G R, Hoyos J R C, López M G R. The social networks of academic performance in a student context of poverty in Mexico [J]. Social networks, 2004, 26 (2): 175 – 188.

[279] Paloyo A R. Peer effects in education: recent empirical evidence [M] //The economics of education. Academic Press, 2020: 291 – 305.

[280] Patacchini E, Rainone E, Zenou Y. Dynamic aspects of teenage friendships and educational attainment [J]. 2011.

[281] Patacchini E, Rainone E, Zenou Y. Heterogeneous peer effects in education [J]. Journal of Economic Behavior & Organization, 2017, 134: 190 – 227.

[282] Poldin O, Valeeva D, Yudkevich M. Which peers matter: How social ties affect peer-group effects [J]. Research in Higher Education, 2016, 57: 448 – 468.

[283] Portes A. Social capital: Its origins and applications in modern sociology [J]. Annual review of sociology, 1998, 24 (1): 1 – 24.

[284] Pratt T C, Cullen F T. The empirical status of Gottfredson and Hirschi's general theory of crime: A meta-analysis [J]. Criminology, 2000, 38 (3): 931 – 964.

[285] Qin Z, Johnson D W, Johnson R T. Cooperative versus competitive efforts and problem solving [J]. Review of Educational Research, 1995, 65

（2）: 129 – 143.

［286］ Qu X, Lee L. Estimating a spatial autoregressive model with an en-dogenous spatial weight matrix ［J］. Journal of Econometrics, 2015, 184 （2）: 209 – 232.

［287］ Richmond V P, Gorham J S, McCroskey J C. The relationship be-tween selected immediacy behaviors and cognitive learning ［J］. Annals of the International Communication Association, 1987, 10 （1）: 574 – 590.

［288］ Rivkin S G, Hanushek E A, Kain J F. Teachers, schools, and aca-demic achievement ［J］. Econometrica, 2005, 73 （2）: 417 – 458.

［289］ Rose C D. Identification of peer effects through social networks using variance restrictions ［J］. The Econometrics Journal, 2017, 20 （3）: S47 – S60.

［290］ Rose H, Betts J R. The effect of high school courses on earnings ［J］. Review of economics and statistics, 2004, 86 （2）: 497 – 513.

［291］ Ross S R, Rausch M K, Canada K E. Competition and cooperation in the five-factor model: Individual differences in achievement orientation ［J］. The Journal of psychology, 2003, 137 （4）: 323 – 337.

［292］ Ryabov I. Adolescent academic outcomes in school context: Net-work effects reexamined ［J］. Journal of Adolescence, 2011, 34 （5）: 915 – 927.

［293］ Ryan A M. The peer group as a context for the development of young adolescent motivation and achievement ［J］. Child development, 2001, 72 （4）: 1135 – 1150.

［294］ Sacerdote B. Peer effects with random assignment: Results for Dart-mouth roommates ［J］. The Quarterly journal of economics, 2001, 116 （2）: 681 – 704.

［295］ Sacerdote B. Peer effects in education: How might they work, how big are they and how much do we know thus far?［M］ //Handbook of the Eco-nomics of Education. Elsevier, 2011, 3: 249 – 277.

［296］ Sacerdote B. Experimental and quasi-experimental analysis of peer effects: two steps forward?[J]. Annu. Rev. Econ. , 2014, 6 (1): 253 –272.

[297] Saleh M, Lazonder A W, De Jong T. Effects of within-class ability grouping on social interaction, achievement, and motivation [J]. Instructional Science, 2005, 33: 105 –119.

[298] Saqr M, Fors U, Nouri J. Using social network analysis to understand online Problem-Based Learning and predict performance [J]. PloS one, 2018, 13 (9): e0203590.

[299] Schiltz F, Mazrekaj D, Horn D, et al. Does it matter when your smartest peers leave your class? Evidence from Hungary [J]. Labour Economics, 2019, 59: 79 –91.

[300] Schneeweis N, Winter-Ebmer R. Peer effects in Austrian schools [J]. Empirical economics, 2007, 32: 387 –409.

[301] Schultz T W. Investment in human capital [J]. The American economic review, 1961, 51 (1): 1 –17.

[302] Schultz T W. The economic importance of human capital in modernization [J]. Education economics, 1993, 1 (1): 13 –19.

[303] Scott J. Social network analysis: developments, advances, and prospects [J]. Social network analysis and mining, 2011, 1: 21 –26.

[304] Scott J. Social network analysis: A handbook. (3rd edition) [M]. London: Sage Publications. 2013.

[305] Sharan S. Cooperative Learning: Theory and Research [J]. New York: Praeger, 1990. 969 –977.

[306] Shepherd H R. The structure of perception: How networks shape ideas of norms [C] //Sociological Forum. 2017, 32 (1): 72 –93.

[307] Shi Y, Zhang L, Ma Y, et al. Dropping out of rural China's secondary schools: A mixed-methods analysis [J]. The China Quarterly, 2015, 224: 1048 –1069.

[308] Skon L, Johnson D W, Johnson R T. Cooperative peer interaction versus individual competition and individualistic efforts: Effects on the acquisition of cognitive reasoning strategies [J]. Journal of Educational Psychology, 1981,

73 (1): 83 –92.

[309] Slavin R E. Cooperative Learning in Schools [M]. International Encyclopedia of the Social and Behavioral Sciences. 2015. pp 881 –886.

[310] Slavin R E. Classroom reward structure: An analytical and practical review [J]. Review of educational research, 1977, 47 (4): 633 –650.

[311] Slavin R E. Cooperative learning [J]. Review of educational research, 1980, 50 (2): 315 –342.

[312] Slavin R E. When does cooperative learning increase student achievement?[J]. Psychological bulletin, 1983, 94 (3): 429.

[313] Slavin R E. Cooperative learning and student achievement [J]. School and classroom organization, 2013: 129 –156.

[314] Slavin R E. Research on cooperative learning: Consensus and controversy [J]. Educational leadership, 1990, 47 (4): 52 –54.

[315] Slavin R E. Group rewards make groupwork work [J]. Educational Leadership, 1991, 48 (5): 89 –91.

[316] Slavin R E. Co-operative learning: what makes group-work work [J]. The nature of learning: Using research to inspire practice, 2010, 7: 161 –178.

[317] Slavin R E. Instruction based on cooperative learning [M]. Routledge: In Handbook of research on learning and instruction. 2011. pp. 358 –374.

[318] Slavin R E. Cooperative learning in elementary schools [J]. Education 3 –13, 2015, 43 (1): 5 –14.

[319] Slavin R E, Cooper R. Improving intergroup relations: Lessons learned from cooperative learning programs [J]. Journal of Social issues, 1999, 55 (4): 647 –663.

[320] Slavin R E, Hurley E A, Chamberlain A. Cooperative learning and achievement: Theory and research. WM Reynolds ve GE Miller (Ed.), Handbook of psychology: Educational psychology içinde (Cilt 7, s. 177 –198) [J]. 2003.

[321] Snijders T A B. The statistical evaluation of social network dynamics [J]. Sociological methodology, 2001, 31 (1): 361 –395.

[322] Snijders T A B, Van de Bunt G G, Steglich C E G. Introduction to stochastic actor-based models for network dynamics [J]. Social networks, 2010, 32 (1): 44 –60.

[323] Soetevent A R. Empirics of the identification of social interactions: an evaluation of the approaches and their results [J]. Journal of Economic surveys, 2006, 20 (2): 193 –228.

[324] Sparrowe R T, Liden R C, Wayne S J, et al. Social networks and the performance of individuals and groups [J]. Academy of management journal, 2001, 44 (2): 316 –325.

[325] Spence M. Competitive and optimal responses to signals: An analysis of efficiency and distribution [J]. Journal of Economic theory, 1974, 7 (3): 296 –332.

[326] Stevens R J, Slavin R E. The cooperative elementary school: Effects on students' achievement, attitudes, and social relations [J]. American educational research journal, 1995, 32 (2): 321 –351.

[327] Stevenson M. Breaking bad: Mechanisms of social influence and the path to criminality in juvenile jails [J]. Review of Economics and Statistics, 2017, 99 (5): 824 –838.

[328] Stinebrickner R, Stinebrickner T R. What can be learned about peer effects using college roommates? Evidence from new survey data and students from disadvantaged backgrounds [J]. Journal of Public Economics, 2006, 90 (8 –9): 1435 –1454.

[329] Strein W. Sex and age differences in preschool children's cooperative behavior: Partial support for the Knight/Kagan hypothesis [J]. Psychological reports, 1986, 58 (3): 915 –921.

[330] Thomas S L. Ties that bind: A social network approach to understanding student integration and persistence [J]. The journal of higher education, 2000, 71 (5): 591 –615.

［331］ Tincani M. Heterogeneous peer effects and rank concerns: Theory and evidence ［J］. 2017. No. 6331.

［332］ Tomás-Miquel J V, Expósito-Langa M, Nicolau-Juliá D. The influence of relationship networks on academic performance in higher education: a comparative study between students of a creative and a non-creative discipline ［J］. Higher Education, 2016, 71: 307 – 322.

［333］ Tran V D. The effects of cooperative learning on the academic achievement and knowledge retention ［J］. International journal of higher education, 2014, 3（2）: 131 – 140.

［334］ Tran V D. Does Cooperative Learning Increase Students' Motivation in Learning?［J］. International Journal of Higher Education, 2019, 8（5）: 12 – 20.

［335］ van den Berg Y H M, Cillessen A H N. Peer status and classroom seating arrangements: A social relations analysis ［J］. Journal of Experimental Child Psychology, 2015, 130: 19 – 34.

［336］ Van den Berg Y H M, Segers E, Cillessen A H N. Changing peer perceptions and victimization through classroom arrangements: A field experiment ［J］. Journal of abnormal child psychology, 2012, 40: 403 – 412.

［337］ Van den Bulte C, Lilien G L. Medical innovation revisited: Social contagion versus marketing effort ［J］. American journal of sociology, 2001, 106（5）: 1409 – 1435.

［338］ Vandenberghe V. Family Income and Tertiary Education Attendance across the EU: An empirical assessment using sibling data ［J］. LSE STICERD Research Paper No. CASE123, 2007.

［339］ Vaquero L M, Cebrian M. The rich club phenomenon in the classroom ［J］. Scientific reports, 2013, 3（1）: 1174.

［340］ Vargas D L, Bridgeman A M, Schmidt D R, et al. Correlation between student collaboration network centrality and academic performance ［J］. Physical Review Physics Education Research, 2018, 14（2）: 020112.

［341］ Vaughan S, Sanders T, Crossley N, et al. Bridging the gap: the roles of social capital and ethnicity in medical student achievement [J]. Medical Education, 2015, 49 (1): 114 – 123.

[342] Vedel A. The Big Five and tertiary academic performance: A systematic review and meta-analysis [J]. Personality and Individual Differences, 2014, 71: 66 – 76.

[343] Véronneau M H, Vitaro F, Brendgen M, et al. Transactional analysis of the reciprocal links between peer experiences and academic achievement from middle childhood to early adolescence [J]. Developmental psychology, 2010, 46 (4): 773 – 790.

[344] Vigdor J, Nechyba T. Peer effects in North Carolina public schools [J]. Schools and the equal opportunity problem, 2007: 73 – 101.

[345] Vignery K, Laurier W. Achievement in student peer networks: A study of the selection process, peer effects and student centrality [J]. International Journal of Educational Research, 2020, 99: 101499.

[346] Vogl T S. Height, skills, and labor market outcomes in Mexico [J]. Journal of Development Economics, 2014, 107: 84 – 96.

[347] Von Hinke S, Leckie G, Nicoletti C. The use of instrumental variables in peer effects models [J]. Oxford Bulletin of Economics and Statistics, 2019, 81 (5): 1179 – 1191.

[348] Wang C, Zhang C, Ni J. Social network, intra-network education spillover effect and rural-urban migrants' wages: Evidence from China [J]. China Economic Review, 2015, 35: 156 – 168.

[349] Wannarka R, Ruhl K. Seating arrangements that promote positive academic and behavioural outcomes: A review of empirical research [J]. Support for learning, 2008, 23 (2): 89 – 93.

[350] Wasserman S, Faust K. Social network analysis: Methods and applications [J]. Cambridge: Cambridge University Press [M]. 1994.

[351] Weinberg B A. Social interactions with endogenous associations [J]. National Bureau of Economic Research (No. w13038). 2007.

[352] Whitmore D. Resource and peer impacts on girls' academic achieve-

ment: Evidence from a randomized experiment [J]. American Economic Review, 2005, 95 (2): 199 – 203.

[353] Winston G, Zimmerman D. Peer effects in higher education College choices: The economics of where to go, when to go, and how to pay for it (pp. 395 – 424) [J]. 2004.

[354] Witt L A, Burke L A, Barrick M R, et al. The interactive effects of conscientiousness and agreeableness on job performance [J]. Journal of applied psychology, 2002, 87 (1): 164 – 169.

[355] Woolf K, Potts H W W, Patel S, et al. The hidden medical school: a longitudinal study of how social networks form, and how they relate to academic performance [J]. Medical teacher, 2012, 34 (7): 577 – 586.

[356] World Bank. World development report 2018: Learning to realize education's promise [M]. The World Bank, 2017.

[357] Yang H L, Tang J H. Effects of social network on students' performance: A web-based forum study in Taiwan [J]. Journal of Asynchronous Learning Networks, 2003, 7 (3): 93 – 107.

[358] Yi H, Zhang L, Yao Y, et al. Exploring the dropout rates and causes of dropout in upper-secondary technical and vocational education and training (TVET) schools in China [J]. International Journal of Educational Development, 2015, 42: 115 – 123.

[359] Zabel J E. The impact of peer effects on student outcomes in New York City public schools [J]. Education Finance and Policy, 2008, 3 (2): 197 – 249.

[360] Zain Z M, Subramaniam G, Abd Rashid A, et al. Teaching Economics Using Cooperative Learning Approach: Accounting Students' Performance and Attitude/enseignement de l'économie en utilisant l'approche de l'apprentissage coopératif: la performance et l'attitude des étudiants en comptabilit?[J]. Canadian Social Science, 2009, 5 (6): 92 – 102.

[361] Zhang H, Behrman J R, Fan C S, et al. Does parental absence reduce cognitive achievements? Evidence from rural China [J]. Journal of Devel-

opment Economics, 2014, 111: 181 – 195.

[362] Zhang Y, Rajabzadeh I, Lauterbach R. Student network centrality and academic performance: Evidence from United Nations University [J]. 2009.

[363] Zimmer R W, Toma E F. Peer effects in private and public schools across countries [J]. Journal of Policy Analysis and Management: The Journal of the Association for Public Policy Analysis and Management, 2000, 19 (1): 75 – 92.

[364] Zimmerman D J. Peer effects in academic outcomes: Evidence from a natural experiment [J]. Review of Economics and statistics, 2003, 85 (1): 9 – 23.

[365] Zirkin B G, Sumler D E. Interactive or non-interactive? That is the question! [J]. Journal of Distance Education, 1995, 10: 95 – 112.

[366] Zwolak J P, Dou R, Williams E A, et al. Students' network integration as a predictor of persistence in introductory physics courses [J]. Physical Review Physics Education Research, 2017, 13 (1): 010113.

后　记

寒来暑往，冬去春来，转眼间，我已离开暨南园三载了，在高校"青椒"的工作岗上也快满五年了。回首往昔，这一路走过的求学岁月，心中涌出无限的感慨与不舍。印象最深的是攻读博士期间，多次跟随导师的课题组去湖南省农村某经济落后县的30多所小学做田野实验调研，在与当地的老师、家长和孩子们的交流中，我也直观感受到农村落后地区的基础教育水平与城市相比还存在较大差距。一方面，在许多农村家庭中，父母迫于生计等多种因素外出打工，而囿于城市高额的生活成本、户籍等限制，又无法将学龄孩子带在身边，只能留在家乡由隔代老人或其他亲人代为照管①，这使得留守儿童在成长过程中缺乏父母的直接陪伴和监管；另一方面，农村6～13岁儿童正处于价值观形成期，他们开始寻求同伴认同，部分家庭教育缺失的留守儿童对同伴的依恋甚至超过父母。

因此，如何弥补家庭教育中父母外出或忽视后的教育不足？同伴对儿童影响的渠道和微观机制是什么？如何设计有效的政策对儿童进行合理的引导，从而在现有约束条件下提高他们的人力资本积累水平等？随着调研的逐步深入，我对这些问题也产生了极大的兴趣。这本书的主体部分源于我在参加随机干预田野实验期间的调研和后期的博士论文写作。我对农村儿童学习生活现状、班级同伴交往、认知能力和非认知能力等进行了深入研究，并得到一些有价值的结论与发现。在完成这本书的过程中，我得到了许多人的帮助和支持。

首先，衷心感谢我的博士生导师王春超教授，一位儒雅睿智、严谨勤

---

① 民政部数据显示，2018年底我国农村有超过50%的留守儿童处于6～13岁，有96%的农村留守儿童由祖父母或外祖父母照顾。

勉又博学多才的学者。非常庆幸在博士期间能遇到这样一位好导师。感谢恩师引领我踏上精彩纷呈的经济学研究之路，在艰苦而充满乐趣的科研路上，有恩师的不断鞭策和勉励，使我得以砥砺前行，不断突破自我，也收获满满。在恩师的大力栽培和资助下，我积累了实地做实验研究的经验，掌握了学术写作的方法和技巧，初尝了论文发表在核心期刊上的喜悦，体验了在国际劳动经济学会议上汇报论文的紧张，也深知学术研究工作的艰辛与不易，而我有幸取得的每一点进步和收获，都倾注着恩师的心血和关怀。恩师以身作则，不但学识渊博治学严谨，而且对问题观察敏锐，见解独到。有幸跟随恩师做学术研究四年，见识了：老师风雨无阻从不缺席每周一次的师门研讨会；老师对学术的严格要求与执着，一字一句一标点，任何一个小错误都不会放过，字斟句酌近乎完美后才投稿；老师经常忙到深夜，凌晨一两点收到论文指导意见也是常态……老师认真细致、坚持不懈的做事态度和睿智勤勉、严谨治学的处事风格，让我真正感受到了学高身正的师德风范和人格魅力，也是我一直以来学习的楷模。同时，恩师对我的生活也给予了很大的支持和关心，经常鼓励我要追求卓越，做最好的自己。老师和风细雨般温暖的话语常常使我备感鼓舞，充满了极强的正能量，使我更加坚定信念，克服困难，勇敢前行！师恩难报，在此我谨向敬爱的王老师致以最诚挚的感谢！

其次，要感恩在我学术路上，给予我指导和帮助过的所有老师，感谢你们在学术上对我的指导和鼓励。感谢我的同学和同门们，和你们在学术研讨会中的每次交流探讨，都会让我产生思维上的碰撞，激发我不断前行。同时，我也要衷心感谢田野调查中遇到的每一位参与者以及他们的家庭，感谢你们的配合和支持。

最重要的是，我要特别感谢我的家人。你们是我生命中的至亲和挚爱，是我精神的寄托和依靠，是我身心疲惫时温暖的港湾。尤其感谢父母对我的养育之恩，你们一直鼓励我追求自我，自立自强，给了我强大的精神养料。感谢爱人的坚定支持和默默相伴。感谢一双儿女对我的理解，你们的天真烂漫，使我享受了无尽欢乐的时光。年幼的你们懂事地承受着我在陪伴上的不足，对你们深深的亏欠化为我不断积极进取、勇敢面对挫折的动力之源！

最后，我真诚地希望这本书能够引起更多人对农村儿童人力资本问题的关注，并为相关领域的研究者提供有益的启示和思考。我坚信，只有通过共同努力，我们才能够为农村儿童提供更多更好的教育机会，实现他们的梦想和希望！

本书能够顺利出版，离不开经济科学出版社编辑老师的大力支持，在此特别致谢！

肖艾平

2023 年 7 月于广州